Kohlhammer

Praxiswissen Erziehung

Eine Übersicht aller lieferbaren und im Buchhandel angekündigten Bände der Reihe finden Sie unter:

 https://shop.kohlhammer.de/praxiswissen-erziehung

Die Autorin

 Dr. Petra Focks ist Erziehungswissenschaftlerin/Sozialpädagogin und Professorin an der Katholischen Hochschule für Sozialwesen Berlin. Sie verfügt über langjährige Erfahrungen in Praxis, Fortbildung, Lehre und Forschung zu den Themen Bildung, Erziehung und Geschlecht im Kindes- und Jugendalter. Petra Focks ist Expertin für geschlechterreflektierte Pädagogik und Soziale Arbeit sowie Autorin mehrerer Standardwerke. Weitere Informationen zur Autorin sowie ihren Publikationen: www.petra-focks.de.

Petra Focks

Erziehung und Bildung jenseits von Geschlechterstereotypen

Identitäten, Sexualitäten, Verhalten

Verlag W. Kohlhammer

Dieses Werk einschließlich aller seiner Teile ist urheberrechtlich geschützt. Jede Verwendung außerhalb der engen Grenzen des Urheberrechts ist ohne Zustimmung des Verlags unzulässig und strafbar. Das gilt insbesondere für Vervielfältigungen, Übersetzungen, Mikroverfilmungen und für die Einspeicherung und Verarbeitung in elektronischen Systemen.

Die Wiedergabe von Warenbezeichnungen, Handelsnamen und sonstigen Kennzeichen in diesem Buch berechtigt nicht zu der Annahme, dass diese von jedermann frei benutzt werden dürfen. Vielmehr kann es sich auch dann um eingetragene Warenzeichen oder sonstige geschützte Kennzeichen handeln, wenn sie nicht eigens als solche gekennzeichnet sind.

Es konnten nicht alle Rechtsinhaber von Abbildungen ermittelt werden. Sollte dem Verlag gegenüber der Nachweis der Rechtsinhaberschaft geführt werden, wird das branchenübliche Honorar nachträglich gezahlt.

Dieses Werk enthält Hinweise/Links zu externen Websites Dritter, auf deren Inhalt der Verlag keinen Einfluss hat und die der Haftung der jeweiligen Seitenanbieter oder -betreiber unterliegen. Zum Zeitpunkt der Verlinkung wurden die externen Websites auf mögliche Rechtsverstöße überprüft und dabei keine Rechtsverletzung festgestellt. Ohne konkrete Hinweise auf eine solche Rechtsverletzung ist eine permanente inhaltliche Kontrolle der verlinkten Seiten nicht zumutbar. Sollten jedoch Rechtsverletzungen bekannt werden, werden die betroffenen externen Links soweit möglich unverzüglich entfernt.

1. Auflage 2022

Alle Rechte vorbehalten
© W. Kohlhammer GmbH, Stuttgart
Gesamtherstellung: W. Kohlhammer GmbH, Stuttgart

Print:
ISBN 978-3-17-037190-3

E-Book-Formate:
pdf: ISBN 978-3-17-037191-0
epub: ISBN 978-3-17-037192-7

Inhalt

Einleitung   **9**

1   **Geschlechterstereotype, Aufgabenteilung und Selbstverständnis von Eltern**   **14**

2   **Einfluss von Idealbildern**   **19**

2.1   Das Konstrukt der »perfekten Mutter«   21
2.2   Zwischen »Ernährer« und »neuem Vater«   25

3   **Einfluss gesellschaftlicher Strukturen**   **31**

3.1   Der Wert der Arbeit: Geschlechtstypische Arbeitsteilung   32
3.2   Zwischen Anreizen zur Einernährer- und Doppelverdienerfamilie   34

4   **Selbstverständnis als Eltern**   **37**

4.1   Vielfältige Haltungen von Eltern   39
4.2   Elternschaft als Bündel unterschiedlicher Kompetenzen   40

Inhalt

5	**Wie wir uns von überhöhten Anforderungen abgrenzen und mehr Gelassenheit als Eltern gewinnen können**	**42**
5.1	Gesellschaftliche Idealbilder kritisch hinterfragen	43
5.2	Über Aufgabenteilung, Geld und Altersvorsorge sprechen	44
5.3	Sich austauschen und Netzwerke bilden	46
5.4	Vertrauen in das Kind entwickeln	48
5.5	Kindern helfen, es selbst zu tun: Herausforderungen ermöglichen	51
5.6	Selbstsorge und Solidarität entwickeln	54

6	**Sozialisation und Geschlecht in Kindheit und Jugend**	**57**
6.1	Aufwachsen in einer Kultur der Zweigeschlechtlichkeit	58
6.2	Wie die geschlechtstypische Arbeitsteilung die kindliche Entwicklung beeinflusst	60
6.3	Wie Geschlechterstereotype die Entwicklung von Kindern behindern	62
6.4	Wie Kinder und Jugendliche ihre Geschlechtsidentitäten entwickeln	67

7	**Wie wir die Entfaltungsmöglichkeiten von Kindern und Jugendlichen fördern können**	**75**
7.1	Wahlmöglichkeiten statt starrer Geschlechterordnung	79
7.2	Vielfalt statt Geschlechterstereotype	82
7.3	Seiten fördern, die in geschlechtstypischen Erfahrungswelten vernachlässigt werden	87

8	**Umgang mit Gefühlen und Selbstregulation**	**90**
8.1	Säuglings- und Kindesalter: lernen, Gefühle einzuordnen	91
8.2	Gefühle haben (k)ein Geschlecht	93
8.3	Jugendalter: geschlechtstypischer Habitus und Gefühlsregulation	98
9	**Körper, Geschlecht und die Macht der digitalen Bilder**	**105**
9.1	Wie der Körper sich entwickelt und geformt wird	108
9.2	Wie wir Kinder und Jugendliche unterstützen können	113
10	**Sexuelle Entwicklung und Geschlechternormen**	**120**
10.1	Psychosexuelle Entwicklungsphasen vom Säuglingsalter bis zur Pubertät	121
10.2	Wie wir Kinder und Jugendliche unterstützen können, eine körper- und sexualbejahende Haltung zu entwickeln	125
11	**Ausblick**	**130**
Informationsmaterial, Literatur und Webseiten		**136**
Literatur		**138**

Einleitung

Warum sind die Lebenswelten von Kindern sehr »geschlechtstypisch« strukturiert, Pastelltöne und Puppen hier, gedeckte Farben und Autos dort? Warum gehen wir bei einigen Kindern und Jugendlichen davon aus, dass sie unangepasst und laut, und bei anderen, dass sie ruhig und angepasst sind? Warum zeigen Kinder im Kindergartenalter und Jugendliche in der Pubertät häufig sehr »geschlechtstypisches« Verhalten? Wie können sich Eltern den Idealbildern der »perfekten Eltern« entziehen und die Entfaltungsmöglichkeiten von Kindern und Jugendlichen fördern, jenseits von Geschlechterstereotypen und der Macht der digitalen Bilder?

Ein Kind verändert das Leben. Denn Elternwerden ist nicht nur ein Neuanfang mit einem Kind und den sich mit der Entwicklung des Kindes verändernden Herausforderungen, wie beispielsweise wenig Schlaf und Windeln wechseln anfangs, Kita, Schule, Grenzen setzen und verhandeln später. Elternwerden ist zugleich mit einschneidenden Veränderungen der sozialen Rollen verbunden und stellt für viele Menschen einen Wendepunkt in ihrem Leben dar. Vielfach unvorbereitet werden sie überrollt von alten und neuen Zuschreibungen an und Vorstellungen von Elternschaft.

So sind auch die Entscheidungen für ein Familienmodell oder die Frage, wie wir unser Familienleben gestalten, weniger individuell, als wir häufig denken. Gesellschaftliche und kulturelle Zuschreibungen von der liebenden, die eigenen Bedürfnisse zurücksteckenden Mutter oder dem für die Familie sorgenden Vater beeinflussen häufig unbewusst die frisch gebackenen Eltern. Zugleich sind es gesellschaftliche Strukturen, wie u. a. die geschlechtstypische Arbeitsteilung sowie die ungleiche Bezahlung und sozialpolitische Maßnahmen, die das Familienleben – offen oder verdeckt – prägen.

Dabei wirken die herrschenden Geschlechterverhältnisse auf verschiedenen miteinander verwobenen Ebenen, so dass es in Bezug auf die Aufgaben- und Arbeitsteilung und die Erziehung und Bildung von Kindern und Jugendlichen gar nicht so einfach ist, nicht ungewollt in geschlechtstypische Muster zu fallen (▶ Kap. 1). Warum und wie die widersprüchlichen Anforderungen an Elternschaft über Idealbilder (▶ Kap. 2) und gesellschaftliche Strukturen (▶ Kap. 3) das Selbstverständnis als Eltern beeinflussen (▶ Kap. 4) und Eltern unter Druck setzen und wie wir uns von überhöhten Anforderungen verabschieden und Vertrauen in die eigenen Ressourcen und die Stärken des Kindes entwickeln können (▶ Kap. 5), wird im ersten Teil des Buches dargestellt.

Unabhängig vom Familienmodell und der jeweiligen Aufgaben- und Arbeitsteilung von Eltern, ist es für viele Eltern überraschend, wie stark fast alle Lebensbereiche von Kindern nach männlich und weiblich unterschieden werden. Kleidung, Spielwaren, Farben und Formen sind ebenso vergeschlechtlicht wie Verhaltensweisen, Gefühlsäußerungen und Körperpraxen. Geschlecht ist sozusagen verwoben in alle Lebensbereiche und strukturiert die Gesellschaft, wer welche Aufgaben übernimmt (wie etwa die Pflege älterer oder kranker Familienmitglieder, die Kindererziehung oder den Erwerb des Familieneinkommens). Wer in welchen Positionen tätig ist und welche Tätigkeiten gesellschaftlich und wirtschaftlich wie hoch bewertet und vergütet werden. Daher ist es nicht verwunderlich, dass viele Eltern und pädagogische Fachkräfte, die Kinder eigentlich jenseits von Geschlechterklischees erziehen und bilden wollen, sich vielfach unbewusst an tradierten Geschlechterbildern orientieren. Wenn wir uns nicht bewusst und reflektiert damit auseinandersetzen, reproduzieren wir meist die jeweils vorherrschenden Geschlechterverhältnisse (vgl. Focks 2016, S. 9).

Dies führt jedoch zur Einschränkung von Entfaltungsmöglichkeiten auf das, was jeweils als männlich oder weiblich gilt, und hat negative Effekte auf die Entwicklung von Kindern und Jugendlichen.

Diese negativen Wirkungen äußern sich beispielsweise bei Mädchen* in einer verringerten Ausbildung der räumlich-mathematisch-technischen Fähigkeiten und bei Jungen* in verringerten Lese- und sozialen Kompetenzen (vgl. Heisig 2019, S. 15).[1]

Zu den negativen Effekten gehört auch, dass manche Kinder sich selbst überschätzen und ihre Verletzlichkeit und ihre Ängste nicht zeigen, um dem vorherrschenden Männlichkeitskonstrukt der Stärke zu genügen. Dies kann dazu führen, dass sie nicht lernen mit diesen Gefühlen umzugehen.

Wenn Kinder und Jugendliche ihre Bedürfnisse nach Bewegung nicht ausleben und ihre Aggressionen nicht zeigen, weil dies »Mädchen nicht entspricht«, lernen sie wahrscheinlich mehr sich anzupassen als sich selbst zu behaupten. Diese und andere geschlechtstypische Verhaltensweisen versprechen soziale Anerkennung und werden – ungewollt – vielfach von Eltern und pädagogischen Fachkräften unterstützt (vgl. Focks 2016, S. 10).

Im zweiten Teil des Buches geht es daher darum, welche Auswirkungen die herrschenden Geschlechterverhältnisse auf die Entwicklung von Kindern und Jugendlichen haben (▶ Kap. 6) und wie Eltern und pädagogische Fachkräfte die Entfaltungsmöglichkeiten von Kindern und Jugendlichen fördern können (▶ Kap. 7). Denn aktuelle nationale und internationale empirische Studien zeigen sehr deutlich, dass es positive Auswirkungen auf die kognitive und sozial-emotionale Entwicklung von Kindern hat, wenn sie – jen-

---

1 Im Folgenden wird sprachlich unterschieden zwischen: a) den jeweiligen gesellschaftlichen Vorstellungen bzw. Leitbildern, die im Text als »Mädchen, Junge, Mann, Frau, Weiblichkeit, Männlichkeit etc.« benannt werden, und b) den realen Menschen und ihren unterschiedlichen Lebenswelten und Geschlechtsidentitäten, die im Text gekennzeichnet werden mit einem Sternchen (Mädchen*, Jungen*, Frauen*, Männer*). Dabei sind jene eingeschlossen, die in ihrem Verhalten, ihren Gefühlen und ihrem Körper nicht der symbolischen Ordnung der Zweigeschlechtlichkeit entsprechen. Im Plural wird im Text dabei der Unterstrich genutzt (z. B. Schüler_innen).

seits von Geschlechterstereotypen –, in ihren individuellen Interessen und Fähigkeiten gefördert werden.[2]

Für die sozial-emotionale Entwicklung ist es notwendig, das gesamte Gefühlsspektrum (unabhängig von der geschlechtstypischen Zuordnung) ernst zu nehmen, auszudrücken und regulieren zu können. Wie wir Kinder vom Säuglings- bis ins Jugendalter unterstützen können, die eigenen Gefühle wahrzunehmen und weder zu verdrängen noch von ihnen überwältigt zu werden, ist zudem entscheidend für die psychische Gesundheit und die Entwicklung von Einfühlungsvermögen und Konfliktfähigkeit (▶ Kap. 8).

Neben Psyche (Geschlechtsidentität) und Verhalten (soziales Geschlecht/Rolle) wird auch der Körper (biologisches Geschlecht) vom Säuglingsalter an durch gesellschaftlich-kulturelle Praktiken geformt und entsprechend den Maßstäben der jeweiligen Zeit und Kultur geprägt. Gegenwärtig werden Kinder und Jugendliche vor allem über digitale Medien über Facebook, Instagram, TikTok und Co. mit idealisierten Körpertypen überschüttet. Allein die Allgegenwart und Quantität der Bilder macht es nahezu unmöglich sich ihnen zu entziehen. In der Familie entwickelt sich das Körpergefühl und die Körperwahrnehmung, so dass wir Kinder unterstützen können in ihrem Körper zu leben, statt diesen zu kontrollieren und zu optimieren. Und u. a. in Schule und Jugendarbeit können wir Kinder und Jugendliche unterstützen mit den idealisierten Bildern in den sozialen Medien umzugehen (▶ Kap. 9).

Auch Sexualität (Begehren, sexuelle Orientierung) und die sexuelle Entwicklung von Kindern und Jugendlichen sind maßgeblich beeinflusst von den Geschlechterkonstruktionen der jeweiligen Kultur und Zeit. Eltern und auch pädagogische Fachkräfte haben einen großen Einfluss darauf, inwieweit Kinder sexual- und körperfreundliche Erfahrungen machen. Berührung, das Erleben des eigenen Körpers mit allen Sinnen, Nähe und Geborgenheit

---

2 Vgl. dazu u. a. die Zusammenfassung von verschiedenen Studien von Heisig (2019, S. 12 ff.).

sind integraler Bestandteil. Unsere Haltung und unsere Reaktionen auf die sexuellen Erkundungen unserer Kinder, unser eigenes Verhältnis zur Sexualität und zu unserem eigenen Körper beeinflussen die sexuelle Entwicklung von Kindern (▶ Kap. 10).

Die Inhalte des Buchs werden in den einzelnen Kapiteln anhand von Beispielen aus dem Familienalltag und konkreten Handlungsbeispielen aus den unterschiedlichen Alters- und Entwicklungsstufen von Kindern und Jugendlichen veranschaulicht.

1

Geschlechterstereotype, Aufgabenteilung und Selbstverständnis von Eltern

Veränderungen

»Ich liebe mein Kind und es ist ein großes Glück, nur war ich echt überrollt und im Nachhinein betrachtet völlig unvorbereitet auf die Situation und ich schaffe es kaum, allen Anforderungen gerecht zu werden.«
Ein Kind stellt Eltern vor immer neue Herausforderungen. Eltern müssen sich lebenslaufspezifisch im Rahmen der Entwicklung des Kindes den jeweiligen Anforderungen anpassen. Zugleich müssen sich Eltern mit gesellschaftlichen Strukturen und sozialpolitischen Maßnahmen auseinandersetzen. Auf Eltern wirken dabei durchaus widersprüchliche Botschaften ein, einerseits steuerliche »Anreize zur Einernährerfamilie«, andererseits zielen andere Anreize auf

– 1 Geschlechterstereotype, Aufgabenteilung und Selbstverständnis von Eltern

eine Beteiligung von Vätern bei der Erziehung der Kinder und einen möglichst frühen Wiedereinstieg von Frauen mit Kindern ins Berufsleben (vgl. Mansfeld 2015, S. 158f.). Aufgrund der massiven gesellschaftlichen Veränderungen können Eltern dabei nur bedingt auf die Erfahrungen der Generation ihrer Eltern oder Großeltern zurückgreifen. Vor allem die widersprüchlichen und völlig überfrachteten Idealbilder von Mutter- bzw. Vatersein und Familie setzen heutige Eltern unter Druck. Denn es sind nicht nur äußere Zuschreibungen und Strukturen, sondern zugleich verinnerlichte Vorstellungen, die auch unser Selbstverständnis als Eltern beeinflussen. Dabei sind uns viele dieser verinnerlichten Vorstellungen des Mütterlichen, viele der Familienbilder oder Vorstellungen zu Vaterschaft nicht bewusst. Sie beeinflussen jedoch – gerade, weil sie unbewusst und unreflektiert sind – maßgeblich unsere Gefühle und Verhaltensmuster. Warum vieles von dem, wie wir jeweils Elternschaft und Familie gestalten, nicht so individuell ist, wie wir denken, und warum viele Menschen mit dem ersten Kind in geschlechtstypische Muster fallen, hat mit den in unserer Gesellschaft vorherrschenden Geschlechterkonstruktionen zu tun. Diese sind für uns selbstverständlich und erscheinen quasi naturgegeben, weil sie auf verschiedenen miteinander verknüpften Ebenen wirken und daher vielfach im Alltag undurchschaubar sind. Dabei sind es vor allem drei Ebenen, die hier miteinander verknüpft das Leben von Eltern beeinflussen (▶ Abb. 1).[3]

---

[3] Gabriele Winker und Nina Degele (2009) haben mit ihrem Aufsatz zur »Intersektionalität als Mehrebenenanalyse« ein Konzept vorgelegt, dass nicht nur die Notwendigkeit der Verknüpfung verschiedener Aspekte (wie u. a. Geschlecht, Schicht, Ethnizität) verdeutlicht, sondern auch die Notwendigkeit der Analyse dieser sozialen Kategorien auf verschiedenen Ebenen (Struktur, Repräsentationen, Identitäten). In Anlehnung an diese Ebenen werden im Folgenden die Ebenen des Elternwerdens und Elternseins dargestellt.

1 Geschlechterstereotype, Aufgabenteilung und Selbstverständnis von Eltern

- *Ebene der gesellschaftlichen Idealbilder und Geschlechterstereotype* (▶ Kap. 2)
  Geschlechterstereotype und Vorgaben zu Elternschaft sind überall in unserem Alltag vorfindbar, in der Werbung, in der Ratgeberliteratur und vor allem in den sozialen Medien finden sich diese Bilder, wie das der Frau, die mit Leichtigkeit Beruf und Familie vereinbart und immer die Bedürfnisse des Kindes an die erste Stelle setzt und dazu noch gut aussieht. Aber auch durch Kolleg_innen, Freund_innen und Verwandte werden Eltern mit Geschlechterstereotypen konfrontiert. Die Vielfalt von Familienformen (Einelternfamilien, Patchworkfamilien, queere Familien, Pflegefamilien usw.) verschwinden hier ebenso im Konstrukt der idealen Vater-Mutter-Kind-Familie wie die unterschiedlichen Lebensbedingungen und Lebenswelten von Familien. Armut, Rassismus, Konflikte, individuelle Bewältigungsstrategien zur Vereinbarung, Krankheit und vieles, das dem Normativ der perfekten Kleinfamilie nicht entspricht, verschwindet hinter den vorherrschenden Stereotypen. Dabei sind die wahrgenommenen gesellschaftlichen Leitbilder von Elternschaft milieuübergreifend relativ einheitlich, unterscheiden sich jedoch teilweise von den persönlichen Vorstellungen. Eltern stehen heute unter einem enormen Druck, alles richtig zu machen und den vielfältigen und widersprüchlichen gesellschaftlichen Anforderungen gerecht zu werden.
- *Ebene der gesellschaftlichen Strukturen* (▶ Kap. 3)
  Neben den Vorstellungen von Elternschaft und den Geschlechterstereotypen sind es vor allem auch gesellschaftliche Strukturen, die als Rahmenbedingungen Elternschaft beeinflussen. Geschlecht wirkt hier wie ein Ordnungsprinzip für die Lebens- und Familiengestaltung. So ist die Zugehörigkeit zu einem Geschlecht stets mit der Zuweisung zu bestimmten Aufgaben und Zuständigkeiten in der gesellschaftlichen Arbeits(ver-)teilung verbunden (wer in welchen Berufen tätig ist, welche Arbeit wie hoch oder niedrig bewertet und auch bezahlt wird). Frauen* sind statistisch gesehen in der Regel eher in schlechter bezahl-

ten Berufen tätig (wie u. a. in sozialen und pflegerischen Berufen, in Minijobs ...) und seltener in Leitungspositionen. Viele Paare geben finanzielle Überlegungen als Grund für die Wahl des eigenen Familienmodells an. Auch durch Steuer- und Sozialpolitik werden bestimmte Familienmodelle gefördert. Der mit dem ersten Kind einsetzende Traditionalisierungsprozess in der familialen Aufgabenteilung gilt jedoch nicht selten auch dann, wenn Frauen* ähnliche Einkommenschancen wie ihre Partner* haben (vgl. Stamm 2018, S. 83). Dies hat vielfach auch mit verinnerlichten Vorstellungen und Vorgaben zu tun, die Teil der individuellen Identitäten von Eltern geworden sind.

- *Ebene der eigenen Identitätsvorstellungen und Selbstverständnis als Eltern* (▶ Kap. 4)

Gerade frisch gebackene Eltern sind in ihrer neuen Identität noch unsicher und müssen fremde Zuschreibungen und Anforderungen noch mit eigenen Ansprüchen abgleichen und ein Selbstverständnis als Eltern entwickeln. Gesellschaftliche Strukturen bilden dabei den Rahmen und die gesellschaftlichen Anforderungen und Symbole zum Elternsein sozusagen den Boden, auf dem wir unsere Identitäten als Eltern entwickeln. Wie wir diese gesellschaftlichen Zuschreibungen verarbeiten und wie wir innerhalb von gesellschaftlichen Rahmenbedingungen agieren, ist sehr unterschiedlich. Hierbei spielt nicht nur unsere Biographie und unsere Persönlichkeit eine Rolle. Unser Selbstverständnis als Eltern ist zudem verknüpft mit anderen Aspekten unserer Identitäten. Je nach Milieu, Bildungshintergrund, Kultur, Geschlecht und vielem mehr entwickeln wir unsere Identitäten als Eltern sehr individuell. Dies ist kein abgeschlossener Prozess, vielmehr erfordern die unterschiedlichen teils widersprüchlichen Anforderungen eine stetige Reflexion und vor allem stetige Aushandlungsprozesse und Entscheidungen über die Art und Weise des familialen Arrangements und des eigenen Selbstverständnisses als Eltern.

1 Geschlechterstereotype, Aufgabenteilung und Selbstverständnis von Eltern

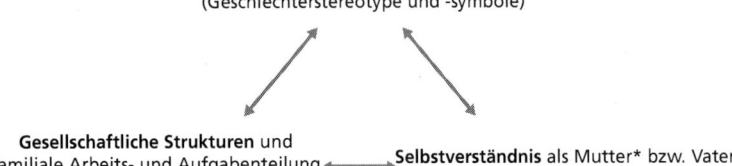

Abb. 1: Ebenen des Elternwerdens und Elternseins (eigene Darstellung)

Im Folgenden werden die drei Ebenen zum Elternwerden und Elternsein (▶ Kap. 2, ▶ Kap. 3, ▶ Kap. 4) ebenso erläutert wie die Möglichkeiten, sich von überhöhten Anforderungen zu lösen und Vertrauen in die eigenen Stärken und in die des Kindes zu entwickeln (▶ Kap. 5).

2

Einfluss von Idealbildern

Heute wissen wir, dass Mutterliebe keine natürliche Eigenschaft ist, dass das Verhältnis der Geschlechter und der Umgang von Vätern mit ihren Kindern in den verschiedenen Epochen, Kulturen und Gesellschaften unterschiedlich und sehr vielfältig war und ist (u. a. Fthenakis 1985; Maihofer 2014/2018; Lück 2015; Böhnisch 2018; Stamm 2018/2020; Schaik, Michel 2021).
Aus evolutionärer Perspektive zeigt sich, dass das Aufziehen von Kindern nicht alleinige Aufgabe der Frau ist (vgl. Schaik, Michel 2021, S. 613) und dass in 99 % der Menschheitsgeschichte ein eher egalitäres Verhältnis der Geschlechter vorherrsche (vgl. ebd., S. 599). Je weiter man prähistorisch zurückblickt, so stellt auch der Soziologe Emile Durkheim fest, desto geringer werden

2 Einfluss von Idealbildern

die Unterschiede zwischen den Geschlechtern (ebd. 1988, S. 103). Unabhängig von der Geschlechtszugehörigkeit trugen alle substantiell zum Familien- und Gruppenunterhalt bei. Erst mit dem Sesshaftwerden geriet das Gleichgewicht ins Wanken (vgl. Schaik, Michel 2021, S. 599). Dabei fand das Leben und Arbeiten in vorindustriellen Zeiten noch an einem Ort statt, vor allem in der Landwirtschaft. »Sobald sie konnten trugen Kinder selbstverständlich auch zum Erfolg der Familie bei, indem sie arbeiteten« (Bründel, Hurrelmann 2017, S. 12).

Die Wurzeln unserer heutigen Familienkonstruktionen sind eng verbunden mit der Entwicklung der bürgerlichen Gesellschaften in Europa und Nordamerika. Der Mann als Ernährer der Familie und die Frau als versorgende Ehefrau und Mutter eines »verletzlichen« Kindes sind also aus historischer Perspektive, eine relativ neue Entwicklung des späten 19. Jahrhunderts. Erst mit der Industrialisierung und der damit einhergehenden Trennung von Arbeit und Leben wurde diese Arbeitsteilung in Nordamerika und Europa notwendig. Da diese Konstruktion historisch neu war, musste sie erst gerechtfertigt und erklärt werden (vgl. Hausen 1988; Steinbrügge 1987; Honegger 1991). Dazu diente die in Westeuropa im 18. und 19. Jahrhundert entstehende weibliche Sonderanthropologie. Mit naturwissenschaftlichem Anspruch wurden hier Wesensmerkmale aus dem weiblichen Körper abgeleitet. Frauen sprach man dabei rationales Denken und Handeln ab (daher seien sie weder für das Wahlrecht noch für höhere Bildung oder berufliche Tätigkeiten geeignet). Dagegen wurden Frauen Eigenschaften zugeschrieben, die sie für den familialen Bereich und die Kindererziehung im privaten Bereich prädestinierten (vgl. Focks 2016, S. 67ff.).

Die Wurzeln unserer Vorstellungen von der guten Mutter liegen hier begründet und bilden vor allem im Zusammenhang mit der Idee des »verletzlichen« Kindes und neoliberalen Vorstellungen zur Selbstoptimierung den Boden für die gegenwärtig vorherrschenden Idealbilder der perfekten Mutter.

2.1 Das Konstrukt der »perfekten Mutter«

Neben ganz realen Herausforderungen, die der Alltag mit einem Baby und mit Kindern mit sich bringt, werden Eltern immer auch mit den jeweiligen gesellschaftlichen und kulturellen Vorstellungen und Bildern zum Elternsein konfrontiert. Vor allem haben sie viele dieser Vorstellungen auch verinnerlicht (▶ Abb. 1, ▶ Kap. 1).
In einer der wenigen Studien zum Thema hat Sabine Diabaté (2015, S. 208–226) vier Mutterleitbilder herausgearbeitet, die gegenwärtig in Deutschland bei den 20- bis 39-Jährigen existieren. Dabei hat sie zwei Reintypen, das berufs- und das kindorientierte Mutterleitbild sowie zwei Mischtypen, das moderate und das vereinbarkeitsorientierte Mutterleitbild identifiziert.

> »Gleichzeitig wird auch deutlich, dass das allgemein vorherrschend wahrgenommene Mutterleitbild aufgrund der Widersprüchlichkeit und Komplexität der Anforderungen überfrachtet erscheint. Die Vermutung liegt nah, dass Mütter sich leicht dem gesellschaftlichen Vorwurf ausgesetzt sehen könnten, eine ›Rabenmutter‹ zu sein, wenn sie sich zu stark auf ihr Berufsleben konzentrieren« (ebd., S. 223).

Auch die Ergebnisse der Studie von Margit Stamm (2020) belegen eindrücklich die Überfrachtung der kulturellen Symbolik und der Stereotype zu Mutterschaft. Ob sie wollen oder nicht, müssen sich Frauen mit diesen gesellschaftlichen Vorstellungen und Idealen der »perfekten Mutter« auseinandersetzen, dass in vielen Ländern Europas und Nordamerikas gegenwärtig vorherrscht und mit einer Glorifizierung des Mütterlichen einhergeht. Ausgehend von Ihren Studien spricht Margit Stamm hierbei vom »Supermama-Mythos«:

> »Der Supermama-Mythos ist keine individuelle Angelegenheit, sondern ein kulturelles Mandat und als solches wesentliche Ursache dafür, dass viele Frauen einem überdimensionierten Mama-Ideal folgen und die Hauptverantwortung in der Familie übernehmen – auch wenn sie unter dieser Last manchmal zusammenbrechen. Mütter müssen immer – ob berufstätig oder nicht – beweisen, dass sie ihre Kinder nicht vernachlässigen, sie über die eigenen Bedürfnisse stellen und auch für sie verantwortlich sein, wenn sie

fremdbetreut werden. Das setzt viele Mütter unter psychischen und physischen Druck und führt zu Konkurrenzbeziehungen zu anderen Frauen, vor allem dann wenn sie alternative Familienmodelle leben und andere Ideologien verfolgen« (ebd., S. 19).

Auch wenn es gegenwärtig verschiedene Familienmodelle gibt und unterschiedliche Möglichkeiten, Muttersein zu gestalten, gibt es seit einigen Jahren in Europa und Nordamerika spezifische vorherrschende Anforderungen an Mutterschaft. Alle Frauen* mit Kind werden mehr oder weniger deutlich mit diesen Anforderungen konfrontiert und müssen sich mit diesen immer wieder auseinandersetzen:

- Hauptverantwortung in der Familie (egal ob berufstätig oder nicht),
- die Bedürfnisse des Kindes über die eigenen Bedürfnisse stellen,
- das Kind und seine Potentiale von Anfang an bestmöglich zu fördern,
- die Familie über die Berufstätigkeit zu stellen,
- im Beruf die Familienverpflichtungen herauszuhalten,
- die Anstrengungen der Vereinbarkeitsleistung nicht zu zeigen,
- Widersprüche und Überforderungen durch weitere individuelle Anstrengungen zu kompensieren,
- sich bemühen gut auszusehen,
- das Kind immer und jede Sekunde zu lieben.

Die hier beschriebene vorherrschende Mütterlichkeit ist eine gesellschaftliche Konstruktion. Diese beinhaltet auch, Teil eines heterosexuellen Paares zu sein. Diese Zuschreibungen und gesellschaftlichen Konstruktionen der hegemonialen Mütterlichkeit beeinflussen seit einigen Jahren das Leben von Frauen* in Europa und Nordamerika mehr oder weniger stark und sind immer auch im Zusammenhang zu sehen mit einer verstärkten Kindorientierung.

2.1 Das Konstrukt der »perfekten Mutter«

Mögliche Folgen des herrschenden Mutterleitbildes

Kaum eine Frau* entspricht dieser vorherrschenden Mütterlichkeit, denn diese Anforderungen sind in sich widersprüchlich, überfordernd und lebensfremd. Zudem sehen viele Frauen* dieses Ideal durchaus kritisch und lehnen es für sich ab. Und dennoch müssen sich Frauen* mit Kind – unabhängig davon, welches Familienmodell sie wählen und welches Selbstverständnis sie haben – mit dieser hegemonialen Mütterlichkeit bzw. mit den entsprechenden Anforderungen immer wieder auseinandersetzen. Dieses gesellschaftliche Leitbild beeinflusst auf unterschiedliche Art und Weise und in unterschiedlicher Intensität die Lebenswelten und kann sich vor allem in Krisen oder neuen Situationen, wie zu Beginn der Elternschaft, stärker auswirken. Einige der möglichen Auswirkungen werden im Folgenden benannt:

- *Überhöhte Ansprüche an sich selbst*
  Mütter* stehen heute vor immer neuen Herausforderungen in der Erziehung von Kindern durch eine sich stetig verändernde Gesellschaft auf der einen Seite und durch immer neue Anforderungen an und Trends zu Erziehung und Bildung von Kindern auf der anderen Seite. Das Ideal der »perfekten Mutter« birgt das Risiko, dass alles, was mit dem Kind zu tun hat, als Anspruch an sich selbst erlebt und verarbeitet wird. Der Versuch, diesem Ideal zu entsprechen, kann zu überhöhten Ansprüchen an sich selbst und zu Überforderung führen (wie wir damit umgehen können ▶ Kap. 5.1).
- *Druck und Beobachtung*
  Mutterschaft ist nicht einfach die Beziehung zwischen einer Frau* und ihrem Kind.
  »Mutterschaft ist vor allem ein fortlaufender Prozess, der verhandelt und wieder verhandelt wird von Müttern, ihren Partnern, ihren Unterstützungssystemen, vom Freundeskreis, der weiteren beruflichen Umgebung, der Gesellschaft und den Medien, die daraus entstehenden Meinungen führen bislang fast

ausschließlich zu einem Druck auf Mütter ...« (Stamm 2020, S. 159).
Ein Ergebnis von Margit Stamms Studien mit Müttern* ist die Dauerbeobachtung von Frauen mit Kindern. Dieses neue Phänomen der Beobachtung durch Gesellschaft, Fachwelt und vor allem auch durch soziale Medien benennt sie als Überwachung von Müttern (ebd.; wie wir damit umgehen können ▶ Kap. 5.3).

Fallbeispiel Lena
Lena sorgt sich, weil Paula immer noch nicht krabbeln kann. Das Kind ihrer Freundin und auch das ihres Bruders, die drei bzw. vier Wochen jünger sind als Paula, können dies schon. Lena fragt sich, ob sie Paula genügend gefördert hat? Stimmt etwas nicht mit Paula?

- *Sorgen und kontrollierende Haltung*
  Eltern werden heute mit einer Vielzahl von Informationen zur »richtigen Erziehung und Bildung des Kindes« vor allem über Ratgeberliteratur und soziale Medien konfrontiert. Fehlentwicklungen müssen vermieden, Potentiale entdeckt und günstige Zeitfenster für Bildung genutzt werden. Die Sorge, Kinder nicht richtig in ihren Entwicklungsschritten zu begleiten, ist daher gut nachvollziehbar (vgl. auch ebd., S. 18).
  Die Einschätzung, dass die Mutter* für die Entwicklung des Kindes allein verantwortlich ist, kann als Kehrseite auch zu einer Selbstüberschätzung führen: »Nur die Mutter kann es richtig machen, ohne sie läuft nichts, weder bei der Kindererziehung noch im Haushalt«. Aufgaben in der Kindererziehung und im Haushalt werden höchstens delegiert, aber die Hauptverantwortung bleibt »mütterlich«. Dazu gehört auch, dass stetig kontrolliert werden muss, ob alle Beteiligten die Aufgaben auch »richtig« erfüllen. Psychodynamisch kann dies dazu führen, dass Probleme Unsicherheiten und Widersprüche bedeuten, dass nur noch mehr kontrolliert werden muss (wie wir damit umgehen können ▶ Kap. 5.4 und ▶ Kap. 5.5).

- *Konkurrenz*
Da Frauen* als hauptverantwortlich für die Entwicklung des Kindes gelten, werden sowohl die Stärken und Potentiale des Kindes als auch mögliche Probleme in der Entwicklung als ihr Verdienst bzw. Versagen betrachtet und nicht selten von Frauen* auch als solches erlebt. Da Mütterlichkeit, dem Konstrukt entsprechend, so zentral ist, hat es auch einen nicht zu unterschätzenden Einfluss auf das Selbstwertgefühl. Daher ist es nachvollziehbar, dass eher die Stärken und die positiven Entwicklungen des Kindes dargestellt werden. Ein stetiges Vergleichen mit anderen führt jedoch leicht zu einer Konkurrenz unter Müttern*. Dieses Phänomen wird in den sozialen Medien und in Studien immer wieder benannt (vgl. u. a. Stamm 2020, S. 139f.; wie wir damit umgehen können ▶ Kap. 5.6).

Während die Etablierung dieses neuen Konstrukts von Mütterlichkeit kaum Gegenstand der Forschung ist, sind die »Umbrüche im Vaterschaftskonzept und in der Vaterschaftspraxis [...] in den Sozialwissenschaften relativ intensiv thematisiert« (Seehaus, Rose, Günther 2015, S. 11).

2.2 Zwischen »Ernährer« und »neuem Vater«

Die Vorstellung des Vaters als »Ernährer« (und Oberhaupt) der Familie hat sich mit der Industrialisierung in Europa und Nordamerika entwickelt. Während dieses Familienmodell in Westdeutschland auch gesetzlich bis 1976 im Ehe- und Familiengesetz verankert war (die Frau als das »Herz« und der Mann als »Ernährer« der Familie), gehörte es in Ostdeutschland zur gesellschaftlichen Normalität, dass Mütter berufstätig waren. Diese unterschiedlichen gesellschaftlichen Realitäten wirken sich bis heute aus.

In den 1980er Jahren wird das Leitbild des »Ernährers« ergänzt durch den sogenannten »neuen Vater«, der sich aktiv an der Erziehung beteiligt. Während sich in der gesellschaftlichen Symbolik dieses Vaterbild verbreitete, veränderte sich das Verhalten vieler Väter* kaum: Das Engagement im Beruf blieb unvermindert hoch, während das Engagement in Haus- und Familienarbeit nur sehr langsam wuchs und vor allem auf Wochenenden und Tätigkeiten wie z. B. das Spielen mit Kindern beschränkt blieb – die Rede war hier vielfach vom »Freizeitpapa« (vgl. u. a. Beck, Beck-Gernsheim 1990; Fthenakis, Minsel 2002).

Der politische Paradigmenwechsel zur Doppelverdienerfamilie ging in Deutschland einher mit einem starken Ausbau der Kinderbetreuungskultur und der Einführung des Elterngeldes (2006/2007) und ermöglichte eine Vereinbarkeit von Beruf und Elternschaft, die erstmals in großem Umfang von Vätern genutzt wurde (vgl. Höying 2020, S. 76ff.). So führten die beiden Monate, die nur vom zweiten Elternteil in Anspruch genommen werden können dazu, dass der Anteil der Väter, die sich an der Elternzeit beteiligten, kontinuierlich stieg: Während das Erziehungsgeld im Jahr 2006 nur von weniger als 4 % von Männern beantragt wurde, stieg der Anteil auf 29,6 % im vierten Quartal 2012 (Statistisches Bundesamt 2008, S. 1, sowie 2014, S. 33). Allerdings blieb und bleibt es weiterhin die Ausnahme, dass ein Vater* über die beiden Monate hinaus Elternzeit in Anspruch nimmt (ebd. 2014, S. 28).

Während Fürsorglichkeit vorher kaum zum gesellschaftlichen Vaterleitbild gehörte, wurde nun als Alternative zum Familienernährer der fürsorgliche Vater als neues Leit- bzw. Idealbild hinzugefügt (Höying 2020, S. 77). Zugleich wird jedoch durch Elterngeld nur eine gut ausgebildete privilegierte Mittelschicht gefördert. Das staatlich propagierte Modell des »fürsorgenden Vaters« bleibt ein normatives Modell, ohne für alle Väter* und Eltern die Bedingungen zu verbessern. Die Vereinbarkeit muss vielmehr individuell gelöst werden. Hinzu kommt, dass diese »caring masculinity« als neues Modell nur für die Familientätigkeit propagiert wird. Im Erwerbsleben hat diese dagegen keinen Raum und führt auch nicht zu einer gleichwertigen Anerkennung von sozialen und pflegerischen Berufen (vgl. ebd.).

2.2 Zwischen »Ernährer« und »neuem Vater«

Lück (2015) arbeitet aus den Daten der Familienleitbildstudie unter den Vorstellungen, wie ein Vater sein sollte, zwei dominante Leitbilder heraus:

»Zum einen das des ›Familienernährers‹, der für das Bestreiten des Haushaltseinkommens Verantwortung übernimmt und Familienarbeit der Mutter überlässt. Dieses Leitbild ist auf gesellschaftlicher Ebene relevant: als Vorstellung davon, was andere denken. Zum zweiten lässt sich das Leitbild des ›aktiven Vaters‹ identifizieren, der seine Erwerbsarbeit reduziert und sich aktiv in die Erziehung einbringt. Dieses ist unter den persönlichen Leitbildern dominant« (ebd., S. 228).

Daneben gibt es eine relevante Gruppe, die beide Leitbilder verinnerlicht hat und sich vereinbarkeitsorientiert zeigt.

In vielen empirischen Befunden aus der Familienforschung zeigt sich, dass sich bei Elternpaaren nach der Familiengründung meist wieder komplementäre Formen der Aufgabenteilung stabilisieren (Henry-Huthmacher, Borchard 2008; Grunow et al. 2007). Der Traditionalisierungsprozess, der mit der Geburt des ersten Kindes einsetzt, liegt zum einen an den gesellschaftlichen Rahmenbedingungen, aber wahrscheinlich auch an gesellschaftlichen Vorgaben, die im Rahmen der individuellen Sozialisation verinnerlicht wurden.

Vor allem Männer glauben, dass sie nach wie vor in erster Linie an ihrer Fähigkeit gemessen werden, mit ihrem Einkommen einen Familienhaushalt zu unterhalten. Auch in der Studie von Lück (2015) erhält mit 81,6 % die Wahrnehmung eines gesellschaftlichen Leitbildes des Vaters als »Familienernährer« auf gesellschaftlicher Ebene den höchsten Zustimmungswert. Das Leitbild des Vaters als »aktiver Vater« teilen zugleich etwa vier von fünf Befragten (79,1 %) (ebd., S. 239). Neben dem Bild des »Ernährers« hat sich mit dem des »aktiven Vaters« auch auf kulturell-normativer Ebene ein eher egalitäres Elternschaftsleitbild etabliert und es lässt sich vermuten, dass Menschen versuchen, ihr Leben entsprechend zu gestalten (vgl. auch Diabaté, Lück, Schneider 2015, S. 248–268).

2 Einfluss von Idealbildern

Mögliche Folgen der Vaterleitbilder

Heute werden Väter »bereits in der pränatalen Übergangsphase« in die Pflicht genommen, »sich aktiv an den Vorbereitungs- und Sorgetätigkeiten zu beteiligen« (Seehaus, Rose, Günther 2015, S. 9). Ziel ist es, dem Kind »optimale Bedingungen des Aufwachsens zu sichern«. Dies bedeutet zunehmende Förderungsanstrengungen, aber auch eine mögliche Überforderung. »Mütter und Väter stehen damit permanent in dem Konflikt, einerseits der elterlichen Fürsorgeverantwortung nachzukommen, andererseits aber den Anforderungen der Arbeitswelt gerecht zu werden« (ebd., S. 10).

- *Passungsprobleme mit der vorherrschenden Männlichkeitsvorstellung*
  Zur vorherrschenden Männlichkeit gehören bestimmte Anforderungen und normative Erwartungen, wie z. B. Rationalität, Wettbewerb, Konkurrenz, Externalisierung, Kontrolle, Risikobereitschaft und Arbeitsorientierung, die u. a. im Handlungsmodus des »man muss funktionieren« münden (vgl. auch Böhnisch 2013, S. 35). Auch Bewertungsschemata, wie die höhere Bewertung von technischen und wirtschaftlichen im Gegensatz zu sozialen, fürsorgenden und pflegerischen Tätigkeiten, gehören dazu. Dabei orientieren sich auch Erwerbsarbeitskontexte in der Regel an diesem Bündel an Denk-, Handlungs- und Bewertungsschemata. Viele dieser Muster stehen jedoch im Widerspruch zu den notwendigen Kompetenzen in der Beziehung zu Kindern (u. a. Orientierung an den Bedürfnissen des Kindes, Fürsorge) und auch zu den erforderlichen Fähigkeiten für die Bildung von familialen Vereinbarkeitsarrangements (u. a. Aushandlungskompetenz, Aushalten von Unsicherheiten; wie wir damit umgehen können ▶ Kap. 5.1 und ▶ Kap. 5.2).
- *Nachteile im Beruf*
  In der Studie des Forschungsprojektes »Switchen« der Fachhochschule St. Gallen haben Studienteilnehmer* berichtet, dass die Vorgesetzten keinen Sinn dafür haben und schlechte Vorbilder sind, weil »wenn man Chinesisch lernt, ist man der Held,

2.2 Zwischen »Ernährer« und »neuem Vater«

wenn man mit den Kindern einen Freitag nachmittag verbringt, ist man der Depp« (Paulus, Stiehler 2020, S. 105).
Im beruflichen Kontext wird Familien- bzw. Sorgearbeit häufig noch als fehlendes berufliches Engagement und als fehlende Karriereorientierung wahrgenommen (wie wir damit umgehen können ▶ Kap. 5.2).

- *Gehetzt-Sein*
 Vereinbarkeitsanforderungen zwischen Berufs- und Erziehungsarbeit erfordern auch ein stetiges Hin- und Herschalten zwischen den verschiedenen Anforderungen. Immer mit den Gedanken schon bei der nächsten Tätigkeit zu sein und Dinge gleichzeitig zu verrichten, gehört zum Alltag. Repräsentative Untersuchungen zu subjektiv empfundenen Arbeitsbelastungen kommen zu dem Ergebnis, dass Multitasking als der stärkste empfundene Stressor benannt wird (Lohmann-Haislah 2012, S. 36). Dabei begleitet das Gefühl des Gehetzt-Seins nicht nur berufstätige Frauen mit Kindern, sondern inzwischen ebenso die »aktiven Väter« und beeinträchtigt deren Lebensqualität (wie wir damit umgehen können ▶ Kap. 5.6).
- *Vereinbarkeitsprobleme und mangelnde Zeit für sich selbst*
 Studien, wie die Südtiroler Männerstudie, zeigen, dass viele Männer gerne mehr Zeit mit ihren Kindern verbringen möchten (Bernhard, Böhnisch 2015, S. 85). Die Studie zeigt aber auch, dass mit der Geburt des ersten Kindes für einen Großteil der Väter zugleich eine stärkere Einbindung in den Arbeitsprozess einhergeht. Das bedeutet, dass die Väter nicht weniger, sondern mehr arbeiten als vorher. So haben bei den 30–39-Jährigen jeweils rund die Hälfte ein Problem mit der Vereinbarkeit von Familie und Beruf und mangelnde Zeit für sich selbst (ebd., S. 87f.; wie wir damit umgehen können ▶ Kap. 5.3).
- *Partnerschaftswettstreit: Wer muss mehr leisten*
 Insgesamt richten Männer* an sich selbst deutlich höhere Erwartungen in Bezug auf die Rolle des Familienernährers und etwas niedrigere Erwartungen in Bezug auf ihr Engagement in Haus- und Familienarbeit, als das Frauen* von ihnen erwarten

(Institut für Demoskopie Allensbach 2013, S. 17f.). Zur alltäglichen Aushandlung des (heteronormativen) Geschlechterarrangements gehören daher immer auch die Diskussionen, um die Frage, wer wie viel und vor allem wer mehr Tätigkeiten in Haushalt und Kinderbetreuung übernimmt. Diese Konflikte erscheinen uns sehr individuell, sind aber gesellschaftlich bedingt (zum Umgang mit diesen Konflikten ▶ Kap. 5.1).

3

Einfluss gesellschaftlicher Strukturen

Neben jeweils vorherrschenden kulturellen Vorstellungen (Elternleitbilder, Idealbilder), sind es vor allem auch gesellschaftliche Strukturen, die Elternschaft beeinflussen (▶ Abb. 1, ▶ Kap. 1). Geschlecht ist dabei ein zentrales Strukturprinzip ebenso wie das heteronormative Kleinfamilienmodell. Der mit dem ersten Kind häufig einsetzende Traditionalisierungsprozess hat auch mit den gesellschaftlichen Rahmenbedingungen zu tun. Der Staat mischt sich in vielfältiger Weise in das Familienleben durch Interventionen und sozialpolitische Maßnahmen ein. Insbesondere »[...] wenn es gilt, das Verhältnis von Erwerbsarbeit und Reproduktionsarbeit im gelebten Familienleben zu gestalten« (Mansfeld 2015, S. 157).

3 Einfluss gesellschaftlicher Strukturen

3.1 Der Wert der Arbeit: Geschlechtstypische Arbeitsteilung

Die gesellschaftlich zu leistende Arbeit wird nicht nur nach Kriterien wie Interesse und Fähigkeiten verteilt, sondern auch nach anderen Prinzipien wie u. a. dem des Geschlechts: Wer was an der Familien- und Berufsarbeit übernimmt, wer in technischen, wirtschaftlichen oder in sozialen, pflegerischen Berufen tätig ist, wer höhere oder niedrigere Positionen einnimmt. Berufe, in denen überdurchschnittlich viele Frauen arbeiten und die als typisch weiblich gelten, werden in vielen Ländern gesellschaftlich weniger hoch bewertet und in der Regel schlechter bezahlt. So wurde während der Covid-19-Pandemie zwar immer wieder auf die sogenannte »Systemrelevanz« sozialer und pflegerischer Berufe hingewiesen, eine nachhaltige gesellschaftliche Aufwertung und vor allem eine angemessene Vergütung blieb jedoch weitgehend aus.

Lohn- und Rentenlücke zwischen den Geschlechtern

Die Lohnlücke zwischen Männern* und Frauen* (durchschnittlicher Unterschied des Bruttostundenverdienstes) umfasste im Jahr 2019 insgesamt 20 % in ganz Deutschland (vgl. Bönke et al. 2020, S. 4). Es finden sich dabei immer noch große Unterschiede zwischen Ost (7 %) und West (21 %). Dieser sogenannte »unbereinigte Gender Pay Gab« ermöglicht einen Vergleich des allgemeinen Durchschnittsverdienstes aller Arbeitnehmer_innen. Hier werden alle Verdienstunterschiede erfasst, die durch schlechtere Zugangschancen für Frauen* hinsichtlich bestimmter Berufe oder Karrierestufen verursacht werden. Einbezogen werden dabei zugleich die diskontinuierlicheren Erwerbsverläufe von Frauen*, die niedrigeren Verdienste in Berufen, in denen Frauen* überproportional vertreten sind, sowie der Umstand, dass sie seltener Führungspositionen erreichen (vgl. Bundesministerium für Familie, Senioren, Frauen und Jugend 2020, S. 70).

3.1 Der Wert der Arbeit: Geschlechtstypische Arbeitsteilung

Der sogenannte »bereinigte Gender Pay Gab« erfasst den Unterschied mit vergleichbaren Qualifikationen, Tätigkeiten und Erwerbsbiographien. Im Jahr 2014 umfasste dieser 6 %, die Frauen* pro Stunde weniger verdienten als Männer* (vgl. Statistisches Bundesamt 16.03.2020). Vor allem auch Frauen mit Migrationshintergrund können von Lohndiskriminierungen betroffen sein (vgl. Antidiskriminierungsstelle des Bundes o. A.). Aufgrund der schlechteren Vergütung wechseln viele Frauen* nach der Geburt des ersten Kindes in ein geringfügiges oder Teilzeitarbeitsverhältnis (vgl. Haupt, Yollu-Tok 2018, S. 7). Jedes weitere Kind kann dabei zu einer deutlichen Minderung des Lebenserwerbseinkommens führen (vgl. Bönke et al. 2020, S. 35).

Problematik

Das kann zur Folge haben, dass besonders Frauen im Alter zwischen 30 und 50 Jahren zunehmend vom Einkommen ihres Partners oder von staatlichen Transferleistungen ökonomisch abhängig werden und trotz beruflicher Eignung und hoher Motivation ihren Lebensunterhalt nicht selbst erwirtschaften können (vgl. Wippermann 2016, S. 8).

Nachteile am Arbeitsplatz durch Fürsorgearbeit

Die gesamtgesellschaftlich geringe Wertschätzung von Fürsorgetätigkeiten zeigt sich dabei auch auf betrieblicher Ebene. Wer aufgrund von Elternschaft oder Kindererziehung oder aufgrund von Pflege von Angehörigen Fürsorgeverantwortung übernimmt, muss auch am Arbeitsplatz mit Nachteilen oder gar mit Diskriminierung rechnen. So geben in der von der Antidiskriminierungsstelle des Bundes in Auftrag gegebenen Studie 41 % der Eltern und 27 % der Pflegepersonen an, aufgrund von Elternschaft oder Kindererziehung bzw. Pflege von Angehörigen Diskriminierung erlebt zu haben (Mohr; Nicodemus; Stoll; Weuthen; Juncke 2022).

> **Problematik**
> Elternschaft und Kinderbetreuung können für Erwerbstätige negative Auswirkungen auf die finanzielle Situation, die Work-Life-Balance und/oder die Karriere- und Aufstiegschancen haben. In der o. g. Studie berichten die Hälfte der von Diskriminierung betroffenen Eltern davon. Pflegende geben vor allem negative Folgen für die Gesundheit an (ebd.).
> Um die juristischen Möglichkeiten für Eltern und Pflegende im Fall der Diskriminierung zu fördern, empfehlen die Autor_innen der Studie u. a. das Merkmal »familiäre Fürsorgeverantwortung« als Schutzgrund im Allgemeinen Gleichstellungsgesetz (§ 1 AGG) zu ergänzen (ebd.).

3.2 Zwischen Anreizen zur Einernährer- und Doppelverdienerfamilie

Auch über Steuer- und Sozialpolitik wird eine geschlechtstypische Arbeitsteilung im Rahmen des Modells der heteronormativen Kleinfamilie gefördert. Aufgrund des Grundgesetzes, welches Ehe und Familie unter besonderen Schutz stellt, soll so verheirateten Paaren eine steuerliche Entlastung ermöglicht werden (u. a. Ehegattensplitting). Dies fördert das Konzept einer Alleinverdiener-Ehe, da es besonders hilfreich ist, wenn eine Person (in der Regel die Frau*) weniger verdient als die andere. Durch das Ehegattensplitting entfallen auf die Teilzeittätigkeit relativ hohe Steuersätze. Hier lohnt sich die Aufnahme einer Arbeit oder die Ausweitung einer Arbeit weniger, als wenn sie individuell besteuert würde. Benachteiligungen aufgrund der Steuer- und Sozialpolitik treffen dabei besonders Einelternfamilien.

3.2 Zwischen Anreizen zur Einernährer- und Doppelverdienerfamilie

Problematik
In Bezug auf das Ehegattensplitting werden Alleinerziehende unter anderem steuerlich deutlich weniger entlastet als Ehepaare (vgl. Bundesverband alleinerziehender Mütter und Väter e. V. o. A.).
Da sich die Verdienste aus Renten (und Pensionen) größtenteils aus den eingezahlten Beiträgen errechnen, wirkt sich die niedrigere Erwerbsbeteiligung von Frauen negativ für sie aus, da sie zu geringeren Alterssicherungsleistungen führt. Versorgen sie stattdessen die Familie und kümmern sie sich um den Haushalt, arbeiten sie nicht im Sinne des Rentensystems (wie wir damit umgehen können ▶ Kap. 5.2).

Anreize für eine Beteiligung von Vätern bei der Erziehung

Im Widerspruch zur Förderung der Einernährerfamilie durch das Ehegattensplitting wurde mit der Einführung des Elterngeldes (2006/2007) das Doppelverdienermodell gefördert und ermöglichte eine Vereinbarkeit von Beruf und Elternschaft. So führten die beiden Monate, die nur vom zweiten Elternteil in Anspruch genommen werden können, dazu, dass der Anteil der Väter*, die sich an der Elternzeit beteiligten, kontinuierlich gestiegen ist.

Problematik
Väter*, die über die beiden Monate hinaus Elternzeit in Anspruch nehmen, bleiben nach wie vor die Ausnahme. Das Vollzeit-Teilzeitmodell ist für viele Paare ein Kompromiss. Daraus resultiert u. a., dass Personen, die in Teilzeit bzw. Minijobverhältnissen arbeiten, weniger Rente erhalten.
Doppelverdiener_innen aus einer gut verdienenden oberen Mittelschicht profitieren am stärksten vom Elterngeld. Empfänger_innen staatlicher Unterstützungsleistungen wie Hartz-IV-Aufstocker_innen häufig gar nicht. Und das 2015 in Deutschland

3 Einfluss gesellschaftlicher Strukturen

> eingeführte Elterngeld plus fördert nur Personen mit festen Stellen, die ihre Arbeitszeiten entsprechend den Vorgaben anpassen können und nicht etwa Hausmänner oder prekär Selbständige (vgl. Höyng 2020, S. 78f.).

4

Selbstverständnis als Eltern

Neben den gesellschaftlichen Idealbildern (erste Ebene) und den gesellschaftlichen Strukturen (zweite Ebene) beeinflusst auch das eigene Selbstverständnis (dritte Ebene) das Elternwerden und Elternsein (▶ Abb. 1, ▶ Kap. 1).

Unterschiedliche Vorstellungen

Fallbeispiel Martha und Paul
Martha (32 Jahre) ist Lehrerin und Paul (40 Jahre) ist Pfleger.
Sie ziehen nach der Geburt von Leon (10 Monate) von München (Heimatstadt von Paul) nach Dessau (Heimatstadt von Martha). Martha war acht Monate in Elternzeit, Paul danach noch zwei Monate. Paul möchte nun wieder zurück in den Beruf und Mar-

tha möchte weiter Vollzeit als Lehrerin arbeiten. Es kommt zum Streit, weil Paul dagegen ist, dass Leon mit zehn Monaten in die Krippe kommt. Paul und Martha streiten, ob die Fremdunterbringung gut für ein Kleinkind ist.

Elternsein ist kein Zustand, der mit dem ersten Kind beginnt und in dem es nur um die Beziehung zwischen Eltern und Kind bzw. Kindern geht. Es handelt sich eher um einen dynamischen Prozess der Entwicklung. Dazu gehören stetige Prozesse der Aushandlung zwischen allen Beteiligten.

Wir entwickeln unsere Identitäten immer auf dem Boden kultureller Zuschreibungen und gesellschaftlicher Strukturen. Sie bilden quasi die Rahmenbedingungen für unser Selbstverständnis als Eltern. Die Gesellschaft gibt quasi die Struktur und auch die Symbole/Leitbilder vor. Wie wir aber innerhalb dieser Strukturen handeln und wie wir mit den vorherrschenden Vorstellungen von Mutter- und Vaterschaft umgehen, ist sehr unterschiedlich. Dabei spielt nicht nur unser eigenes Aufwachsen oder unsere Persönlichkeitsstruktur eine Rolle, sondern noch viele andere Aspekte, wie unser Alter, unser Bildungshintergrund, Geschlecht, Herkunft, Schicht oder auch, ob wir in Ost- oder Westdeutschland aufgewachsen sind, und vieles mehr.

Fallbeispiel Martha und Paul
Martha und Paul streiten in Bezug auf die Fremdunterbringung, u. a. aufgrund ihrer unterschiedlichen Sozialisation in Ost- und Westdeutschland. Sie haben unterschiedliche Erfahrungen gemacht, die ihre Einstellungen zur Erziehung – offen oder verdeckt – beeinflussen.

4.1 Vielfältige Haltungen von Eltern

Wir konstruieren unsere Identitäten subjektiv und individuell und verändern sie im Laufe unseres Lebens häufig.[4] Denn Identität ist eine gelebte Realität, die sich auch verändert mit der Zeit. Dementsprechend unterschiedlich ist das Selbstverständnis von Eltern und die Haltungen zum Elternsein. Wie Menschen ihr Elternsein praktisch leben, welche Modelle von Familie sie wählen bzw. selbst entwickeln und auch welche Strategien der Bewältigung der verschiedenen Anforderungen sie wählen ist daher viel diverser, als Familienforschung und -politik suggerieren.

Die Formen der Lebensbewältigung im Zusammenleben von Eltern und Kindern bilden sich in den gegenwärtigen familienwissenschaftlichen Untersuchungen häufig nicht ab (vgl. Mansfeld 2015, S. 158). Wie plural und unterschiedlich heute die Familienformen und Familienmodelle sind, wird wenig sichtbar. Und auch in der Familienpolitik verengt sich die Debatte um die Fragen, wie sich die Erwerbsbeteiligung von Frauen* steigern lasse und wie die Beteiligung von Männern* an der Erziehungsarbeit erhöht werden kann, ohne Einbußen für deren Erwerbsarbeit. Es ist also vielfach eher Arbeitsmarkt- als Familienpolitik.

Zudem wird die gesellschaftliche Debatte häufig verkürzt auf die Frage der Vereinbarung von Erwerbs- und Erziehungsarbeit. All das, was das Leben außerdem ausmacht, wie u. a. Kultur, Freundschaften, Politik, Freizeitaktivitäten, religiöse Praxis, Naturerleben etc., wird ausgeklammert.

So zeigt auch die Untersuchung von Diabaté (2015) zu den Mutterleitbildern, dass die wahrgenommenen gesellschaftlichen Leitbilder fast unabhängig und flächendeckend über die verschiedenen Gruppen präsent sind und quasi eine universale Gültigkeit haben

---

4 ... und beeinflussen durch unser Verhalten wiederum gesellschaftliche Bedingungen und Leitbilder von Elternschaft. Es bestehen also immer auch Wechselwirkungen zwischen den beschriebenen Ebenen (▶ Abb. 1, ▶ Kap. 1).

(ebd., S. 224). Dagegen unterscheiden sich die individuellen Vorstellungen und Haltungen zu Mutterschaft je nach sozialer Gruppe durchaus deutlich. Unterschiede zeigen sich hier vor allem auch in Bezug auf Geschlecht und den Gegensatz zwischen Ost- und Westdeutschland. Ein Ergebnis der Studie ist, dass das gesellschaftlich-kulturelle Mutterleitbild stärker kindorientiert und am Ideal der teilzeit- oder nicht arbeitenden Mutter ausgerichtet ist. Dagegen sind die individuellen persönlichen Leitbilder eher ausgleichend zwischen Berufs- und Kindorientierung. »Das Negativ-Leitbild der ›Rabenmutter‹ hat (demnach) noch immer Gültigkeit. Insgesamt wurde beim Abgleich der persönlichen und allgemeinen gesellschaftlichen Vorstellungen wesentlich mehr Dissonanz gefunden als zuvor angenommen« (ebd.).

Die im Rahmen der Studie sichtbar werdende große Diskrepanz zwischen Selbst- und Gesellschaftsleitbildern könnte, so die Forscherin, als »cultural lag« gedeutet werden, d. h., dass die individuellen Vorstellungen und das Selbstverständnis als Eltern sich schneller verändern als die gesellschaftlich gültigen Vorstellungen zu Elternschaft. Das allgemeine Mutterleitbild ist starrer, zumal es auch stärker durch institutionelle Rahmungen fixiert ist (z. B. Gesetze, Familien- und Sozialpolitik; vgl. ebd.). Dadurch wird eine tradierte familiale Aufgabenteilung der Geschlechter reproduziert.

4.2 Elternschaft als Bündel unterschiedlicher Kompetenzen

Tradierte und neue gesellschaftliche Vorstellungen, institutionelle Rahmungen und die eigenen Ansprüche sind inkonsistent und widersprüchlich. Die vor allem auch gesellschaftlich begründeten Widersprüche werden jedoch verdeckt und vielfach als individuelle

Konflikte in Partnerschaft und Familie erlebt. Vor allem aber wird ein stetiges Ausbalancieren und Aushandeln notwendig.

»So müssen die Individuen nun ständig ihre Lebensweise reflektieren und in einer Vielzahl, teilweise sehr komplexer Klärungsprozesse permanent neue Entscheidungen über die Art und Weise ihrer familialen Arrangements treffen. Dafür ist ein ganzes Set an Fähigkeiten erforderlich: Aushandlungskompetenz, Souveränität, Aushalten von Unsicherheiten, Flexibilität und nicht zuletzt das Vermögen zu Selbstmanagement und Selbstoptimierung« (Maihofer 2018, S. 330).

Fallbeispiel Martha und Paul
Die Konflikte zwischen Martha und Paul aus dem Eingangsbeispiel erscheinen ihnen persönlich und müssen auch individuell ausgehandelt werden, sind aber zugleich gesellschaftlich bedingt und fordern ihnen vielfältige Kompetenzen ab.

Elternschaft ist eine alltägliche Praxis, ein Bündel an Kompetenzen und Haltungen, die Menschen im Laufe ihrer Identitätsentwicklung als Eltern erproben, verwerfen und in der Kommunikation mit dem Kind modifizieren. Es handelt sich um einen sehr dynamischen Entwicklungsprozess innerhalb des jeweiligen Familiensystems. Hierbei spielen die jeweilige Entwicklungsstufe und Persönlichkeit des Kindes ebenso eine Rolle wie die Erziehungsvorstellungen (die den Entwicklungsprozessen immer wieder angepasst werden müssen). Zum weiteren Familiensystem gehören außerdem Großeltern, weitere Verwandte, Freund_innen der Eltern und der Kinder. Es handelt sich hier also um Wechselwirkungen zwischen allen Beteiligten unter bestimmten gesellschaftlichen Rahmenbedingungen.

5

Wie wir uns von überhöhten Anforderungen abgrenzen und mehr Gelassenheit als Eltern gewinnen können

Elternwerden und Elternsein ist ein individueller Prozess. Doch trotz unterschiedlicher Familien- und Bewältigungsformen werden Eltern in Europa und Nordamerika mit ähnlichen kulturellen Vorstellungen (Idealbildern) und gesellschaftlichen Rahmenbedingungen konfrontiert. Diese zeichnen sich gegenwärtig vor allem durch eine Überfrachtung und durch Widersprüchlichkeit aus und können so leicht zu Unsicherheiten und überhöhten Anforderungen führen. Patentlösungen, wie man mit diesen umgehen kann, gibt es nicht, aber einige Überlegungen können unterstützend wirken, sich zu entlasten, eigene Wege zu finden und eigene Stärken und Ressourcen im Umfeld zu nutzen. Die Überlegungen werden – den vorherigen Kapiteln entsprechend – ebenso für die Ebenen »Idealbilder« (▶ Kap. 5.1), »gesellschaftliche Strukturen« (▶ Kap. 5.2) und »Selbstverständnis« (▶ Kap. 5.3 bis ▶ Kap. 5.6) erläutert.

5.1 Gesellschaftliche Idealbilder kritisch hinterfragen

Es ist nicht zu unterschätzen, wie wirkmächtig und omnipräsent die Ideale der »perfekten Eltern« sind. Wenn wir uns nicht bewusst und reflektiert damit auseinandersetzen, wirken sie unterschwellig und beeinflussen uns, unser Verhältnis zu uns selbst und zum Kind. Bereits für werdende Eltern ist es daher hilfreich, sich mit den Vorstellungen von Mutter- und Vaterschaft sowie Familie auseinanderzusetzen. Denn ambivalente Gefühle, wie u. a. das Ausbleiben der angeblich »natürlichen Mutterliebe«, können sonst leicht als individueller Mangel erlebt werden. So zeigt beispielsweise die evolutionäre Perspektive sehr eindrücklich, dass Mutterliebe eben kein natürlicher Instinkt und keineswegs eine Selbstverständlichkeit ist (u. a. Schaik, Michel 2021, S. 96ff.). Übertriebene gesellschaftliche Erwartungen und das Gefühl mangelnder Unterstützung fördern jedoch Scham und Schuldgefühle. Dabei sind ambivalente Gefühle nicht ungewöhnlich (vgl. ebd.). Es kann helfen, darauf vorbereitet zu sein. Eine weitere Möglichkeit ist es, die eigene Wahrnehmung zu sensibilisieren für Symbole, Stereotype und Idealbilder in den (sozialen) Medien, im Umfeld, im Freundeskreis und der Familie:

- ◆ Welche Anforderungen sind überhöht und unrealistisch?
- ◆ Welche Anforderungen widersprechen sich?

5 Wie wir uns von überhöhten Anforderungen abgrenzen

- Was sind meine/unsere Vorstellungen?
- Von welchen Vorstellungen grenze ich/grenzen wir uns ab?

> **Praxistipp**
> Statt zu streiten, wer wie viel oder wer mehr im Haushalt oder bei der Kindererziehung leisten muss, kann es entlastend wirken, sich zu vergegenwärtigen, dass die individuell erscheinenden Probleme und Konflikte gesellschaftliche Ursachen haben. Es ist also kein individuelles Versagen, wenn eine alleinerziehende Person oder ein Paar von den Anforderungen der Vereinbarkeit von Erwerbsarbeit und Elternschaft überfordert ist. Es handelt sich vielmehr um gesellschaftlich und kulturelle An- und Überforderungen sowie Widersprüche, mit denen wir zwar individuell konfrontiert werden, die jedoch nur auf gesellschaftlicher Ebene nachhaltig lösbar sind. Statt verbissen zu diskutieren, wer mehr leistet, kann es hilfreich sein, mitfühlend auf sich selbst und aufeinander zu schauen und nach für alle möglichst zufrieden stellenden Lösungen zu suchen.

5.2 Über Aufgabenteilung, Geld und Altersvorsorge sprechen

Wir agieren nicht im luftleeren Raum und treffen individuelle Entscheidungen, sondern immer im Rahmen von gesellschaftlichen Strukturen, beeinflusst durch Steuergesetze und Familien- sowie Arbeitsmarktpolitik. Ein Austausch mit anderen Eltern, Information von Elternverbänden und auch Beratung können helfen, Entscheidungen für das eigene Familienmodell (mit den jeweiligen Vor- und Nachteilen) bewusst und reflektiert zu fällen. Die schärfere Wahrnehmung der Fremdbestimmung von Familien ist auch

5.2 Über Aufgabenteilung, Geld und Altersvorsorge sprechen

hilfreich, um zu sehen, »dass die gegenwärtige Familienpolitik [...] wesentlich eine Arbeitsmarktpolitik ist« (Mansfeld 2015, S. 173). So bleibt auch das Idealbild des »fürsorglichen Vaters« ein normatives, ohne die Rahmenbedingungen zu verbessern. Vor allem im beruflichen Kontext wird dieses kaum berücksichtigt, so dass die Vereinbarung von Elternschaft und Beruf individuell gelöst werden muss. Hinzu kommt, dass sich in Erwerbsarbeitskontexten in der Regel an vorherrschenden Männlichkeitsvorstellungen orientiert wird (wie u. a. Rationalität, Wettbewerb, Kontrolle, Externalisierung) und Fürsorge keinen Raum hat. Dies zu erkennen und zu erforschen, würde tendenziell nicht nur »entlastend wirken«, sondern: »Ein schärferer Blick für die Fremdbestimmtheit von Familien eröffnet schließlich auch neue Handlungsebenen im Politischen wie im Privaten« (ebd., S. 173). Beispielsweise könnte die sogenannte »caring masculinity« in beruflichen Kontexten sowie die Bedeutung von Reproduktionsarbeit neu in die politische Debatte kommen.

Denn Arbeit wird nach wie vor sehr ungleich bewertet. Reproduktionsarbeit in der Familie, wie u. a. Kindererziehung, Haushaltstätigkeiten, Pflege von Angehörigen oder jegliche Sorgearbeit wird geringer gesellschaftlich anerkannt und geringer bzw. gar nicht vergütet. Vor allem alleinerziehende Eltern müssen hier frühzeitig in die Altersvorsorge investieren und sollten durch staatliche Unterstützung entlastet werden.

Praxistipp

Es ist nicht unromantisch, in der Partnerschaft über Geld zu verhandeln. Ähnlich, wie wir über die Absicherung der Kinder im Todesfall der Eltern sprechen, gilt es auch die finanzielle Absicherung in der Partnerschaft bei Trennung, Krankheit, Tod oder Alter zu verhandeln. Wenn ein Elternteil beruflich kürzer tritt, um Kinder zu betreuen, ist es sinnvoll, wenn die andere Person diese Lücke im Lohn und vor allem auch in der Altersversorgung ausgleicht, zum Beispiel durch monatliche Einzahlungen in einen Sparvertrag für private Altersvorsorge. Am Ende sollte die gleiche Rente herauskommen, als wenn die Partner_innen im selben Umfang weitergearbeitet hätten. Auch die Aufgabenteilung und das Familienmodell sollte mit Blick auf die Finanzen immer wieder verhandelt werden.

5.3 Sich austauschen und Netzwerke bilden

Gefühle von Überforderung verschwinden natürlich nicht, wenn wir wissen, dass sich viele andere mit denselben Problemen und Konflikten auseinandersetzen müssen, aber es kann entlastend wirken und befreit von den Gedanken des individuellen Versagens. Denn eine Folge der gesellschaftlichen Individualisierung ist es, dass wir die Ursachen für Probleme und Ungerechtigkeiten in der Regel bei uns selbst suchen. Dazu gehört auch, dass vor allem Frauen* versuchen, durch weitere Anstrengungen und Veränderungen des eigenen Verhaltens die Situation zu verbessern. Diese Versuche der Selbstoptimierung ändern jedoch nichts an den gesellschaftlich begründeten Widersprüchen und Problemen. Der Austausch mit anderen alleinerziehenden Personen bzw. mit anderen Paaren kann daher sehr entlastend und befreiend wirken. Vereinbarkeitsprobleme, mangelnde Zeit für sich selbst und Überforderung zu benennen und sich dazu auszutauschen, ist ein wichtiger Schritt, Mitgefühl für sich selbst und für andere in derselben Situation zu entwickeln. Dieses Mitgefühl ist wiederum Voraussetzung für Solidarität untereinander. Diese Fragen können dabei helfen:

- Welches Selbstverständnis als Eltern habe ich/haben wir?
- Wer hat welche Bewältigungskonzepte gefunden, welche sind hilfreich und welche könnte ich/könnten wir nutzen?

5.3 Sich austauschen und Netzwerke bilden

- Wo und wie können wir uns gegenseitig unterstützen?
- Wer kennt welche hilfreichen Netzwerke in der Gemeinde, im Stadtteil, im Netz, wer Organisationen oder Beratungsstellen?
- Wer hat schon ältere Kinder und Erfahrungen, die an werdende oder junge Eltern weitergegeben werden können?

»Um ein Kind aufzuziehen, braucht es ein ganzes Dorf« - mit diesem Sprichwort aus Nigeria wird deutlich, dass es für die Entwicklung von Kindern notwendig ist, dass viele Menschen und Gruppen unterstützend wirken. Steht also das Dorf nicht zur Verfügung, können viele andere Menschen einem Kind eine Menge an Kraft und Hilfestellung in der Entwicklung geben. Nachbar_innen, Freund_innen und Großeltern sind unerlässlich für die Entwicklung von Kindern. Denn die unterschiedlichen Vorstellungen und Einstellungen von Menschen aus verschiedenen Generationen und die aufgrund der vielfältigen Erfahrungen häufig vorhandene stärkere Gelassenheit beispielsweise von Großeltern ist eine große Ressource. Auch Freund_innen und Verwandte, die keine eigenen Kinder haben, sind vielfach gerne zeitweise mit Kindern zusammen und können Teil des Unterstützungsnetzwerkes werden. Verlässliche Netzwerke sind unerlässlich, unabhängig davon, ob diese nun verwandtschaftlicher, freundschaftlicher oder professioneller Art (wie Kita etc.) sind.

> »Kinder aufzuziehen war in […] 99 Prozent der Menschheitsgeschichte nicht die Last der Frau allein, warum sollte es also heute anders sein. Auch Kinder profitieren von der Vielzahl verbindlicher und verlässlicher Bezugspersonen, was den kognitiven und sozialen Input gehörig steigert und bereichert« (Schaik, Michel 2021, S. 613).

Praxistipp
Auch Eltern-Kind-Gruppen sind eine Möglichkeit der (gegenseitigen) Unterstützung. Vor allem Gruppen in der Gemeinde oder im Stadtteil bieten die Chance, dass sehr unterschiedliche Eltern und Kinder zusammentreffen. Hier bietet sich die Möglich-

> keit, dass sich Eltern mit verschiedenen Geschlechtsidentitäten, verschiedenen Religionszugehörigkeiten, aus verschiedenen sozialen Milieus und kulturellen Hintergründen austauschen und voneinander lernen. Hilfreich kann es auch sein feste wöchentliche Termine mit Familien aus der Nachbarschaft oder befreundeten Familien einzuplanen, um z. B. gemeinsam zu kochen und zu essen oder zu gärtnern.

Das Erleben von Unterschieden und Vielfalt fördert nicht nur die Entwicklung des Kindes, sondern auch die gesellschaftliche Solidarität.

5.4 Vertrauen in das Kind entwickeln

Mit der Entwicklung der bürgerlichen Gesellschaften hat sich in Europa und Nordamerika die Vorstellung des »verletzlichen Kindes« durchgesetzt. Diese Vorstellung ist weit verbreitet und kann zu einem sehr beschützenden Erziehungsstil führen.

Unterschiedliches Entwicklungstempo

Fallbeispiel Mandy
Mandy trifft sich regelmäßig einmal wöchentlich mit einer Freundin. Sie gehen spazieren im Stadtteil oder im nahegelegenen Park oder treffen sich bei einer von ihnen zu Hause. Mandy ist dabei beim Wickeln aufgefallen, dass sich das jüngere Kind der Freundin bereits auf die Seite drehen kann. Bei einem Besuch hat sie festgestellt, dass auch das gleichaltrige Kind ihrer Cousine bereits dazu in der Lage ist. Mandy macht sich nun Sorgen, weil Tim noch nicht dazu in der Lage ist. Mandy nimmt

5.4 Vertrauen in das Kind entwickeln

sich vor, die Ärztin bei der nächsten Untersuchung zu fragen, ob Tim sich auch richtig entwickelt.

Um die Wende des 20. Jahrhunderts entstand die moderne Entwicklungspsychologie. Sie konzentrierte sich auf die Abfolge von körperlichen, emotionalen, kognitiven und psychischen Entwicklungsstufen der (Persönlichkeits-)Entwicklung im Kindes- und Jugendalter. Für Pädagogik und Erziehung liefert sie wichtige Hinweise auf »normale« Abfolgen in der kindlichen Entwicklung. Kindheit galt als eine Zeit, in der die Entwicklung permanent überprüft und an Standards gemessen wurde (vgl. auch Bründel, Hurrelmann 2017, S. 14). Es ist jedoch wichtig, zu verstehen, dass das Entwicklungstempo von Kindern sehr unterschiedlich ist. Das Vergleichen mit anderen Kindern oder das Messen an Standards ist daher nicht hilfreich. Sinnvoll ist es, sich auf die Signale und Bedürfnisse des eigenen Kindes zu konzentrieren und zu beobachten, welche Erfahrungen das Kind macht. »Dazu gehört auch ein Weilchen abwarten zu können und die gesamte Bandbreite kindlicher Entwicklungsmöglichkeiten zu akzeptieren; darauf zu vertrauen, dass das Kind schon noch Klötzchen stapeln wird, auch wenn andere Kinder das schon können« (Stamm 2020, S. 44).

Es ist notwendig, das unterschiedliche Entwicklungstempo von Kindern zu akzeptieren. Auch ein Blick von außen kann hilfreich sein, um Kinder auch als eigenständige Individuen mit Interessen und Stärken wahrzunehmen und ihnen etwas zuzutrauen.

Befürchtungen

Fallbeispiel Sarah
Sarah gibt Musikunterricht an der Volkshochschule und lebt mit ihrem Partner und ihren beiden Kindern Teo (5 Jahre) und Bruno (6 Jahre) in Stuttgart. Die Kinder streiten sobald die beiden nach Kita und Schule wieder zu Hause sind. Außerdem hat Sarah das Gefühl, dass Bruno in Teos Alter schon »weiter« und

nicht mehr so unselbständig war. Die Ferien stehen vor der Tür und dieses Jahr will sie einen Teil der Ferien mit den beiden Kindern an der Ostsee verbringen. Allerdings ist sie skeptisch aufgrund der Streitereien der Kinder und der Unselbständigkeit von Teo. Auch macht sie sich Sorgen, ob sich nicht – wie zu Hause – irgendwelche Nachbar_innen wegen des Lärms beschweren.

Sarah bittet ihren Vater, einige Tage mit ihr und den Kindern in der Ferienwohnung zu verbringen. Die Kinder sind begeistert. Die gemeinsame Zeit mit ihm verändert Sarahs Blick auf ihre Kinder.

Die Kinder lieben ihren Großvater: Er geht mit ihnen einkaufen, zusammen kochen sie das Mittagessen, machen Touren mit dem Fahrrad und bauen Sandburgen am Strand. Er erzählt von der eigenen Kindheit und von der Kindheit ihres Vaters. Teo und Bruno lieben die Geschichten und erzählen ihm vom Kindergarten, von der Schule und von ihren Freund_innen. Was Sarahs Blick verändert, ist die Haltung ihres Vaters gegenüber den Kindern: interessiert an deren Gedanken und Ideen, sie bei den alltäglichen Arbeiten einbeziehend und ohne jegliche Wertung ihres Verhaltens. Er lässt sie alleine für das Frühstück einkaufen gehen und kleinere Aufgaben für den Haushalt übernehmen. Sarah hört den Gesprächen interessiert zu, lauscht den Fragen der Kinder, freut sich über die ehrlichen Antworten des Großvaters und denkt: Für ihn sind Teo und Bruno zwei interessante Menschen, mit denen er gerne Zeit verbringt. Weder vergleicht er die Kinder noch sorgt er sich. Vielmehr traut er den Kindern etwas zu, beteiligt sie an den alltäglichen Aufgaben und ist interessiert an dem, was sie denken. Als die Nachbar_innen sich wegen des Lärms beschweren, lädt er sie zum Kuchenessen ein. Teo und Bruno kaufen gemeinsam mit dem Großvater dafür ein, backen und decken dann einen Kaffeetisch. Alle sind begeistert und der Großvater stellt fest: »Du hast echt zwei tolle Kinder«.

5.5 Kindern helfen, es selbst zu tun: Herausforderungen ermöglichen

Vertrauen zu haben in die Fähigkeiten der Kinder und ihnen etwas zuzutrauen, ist wichtig für die kindliche Entwicklung (und für die Beziehung zwischen Eltern und Kind).

> **Praxistipp**
> Haben Sie Vertrauen in Ihre eigenen Ressourcen und die Ihres Kindes. Vergleichen Sie weder sich noch Ihr Kind stetig mit anderen. Betrachten Sie Probleme immer auch als Möglichkeiten, zu lernen, sich und etwas auszuprobieren. Trauen Sie Ihren Kindern etwas zu und lösen Sie Probleme nicht für Ihre Kinder. Scheitern zu lernen, ist notwendig.

5.5 Kindern helfen, es selbst zu tun: Herausforderungen ermöglichen

Erst im Zuge der Industrialisierung hat sich die Familie in der heutigen Form entwickelt. »Bis weit ins 19. Jahrhundert hinein stellte die Familie nicht nur den Ort dar, an dem sich das private Leben und die Kindererziehung abspielten, sondern an dem auch gearbeitet wurde. Es gab keine vergleichbare Trennung von privatem und öffentlichen Leben wie heute« (Bründel, Hurrelmann 2017, S. 12). Kinder galten zumeist als kleine Erwachsene, sie trugen selbstverständlich zum Überleben bei, indem sie arbeiteten, und waren Garanten für die Alterssicherung. Kinder waren daher unerlässlich für die Existenz und hatten sich dem Willen des Familienoberhauptes unterzuordnen (vgl. Eggen 2019, S. 17). Mit der Trennung des Arbeits- und Familienlebens während der Industrialisierung vollzog sich auch eine Veränderung der Familie, die zu einem Ort des privaten Lebens, der Regeneration und der Sorge um die Kinder wurde. Damit veränderte sich auch die Eltern-Kind-Beziehung von einer wechselseitigen Austauch- zunehmend hin zu einer Fürsorgebeziehung. Dadurch, dass die Kinder nun nicht mehr zum wirtschaftlichen Erfolg der Familie beitrugen, wurde zunehmend etwas anderes von ihnen erwartet, sie sollten zum emotionalen Wohlbefinden der Eltern beitragen (vgl. Bründel, Hurrelmann 2017, S. 12).

Mit der Entwicklung der bürgerlichen Gesellschaften hat sich auch die Vorstellung des »verletzlichen Kindes« durchgesetzt. Kinder werden dabei vor allem als schutzbedürftig und hilflos betrachtet und wenig beteiligt. Erwachsene treffen bis heute ganz selbstverständlich die meisten Entscheidungen für Kinder.

Mit dem Begriff Adultismus wird die Machtungleichheit zwischen Kindern und Erwachsenen und infolgedessen die Diskriminierung jüngerer Menschen allein aufgrund ihres Alters beschrieben. So werden Kinder und Jugendliche bis heute auch bei Entscheidungen, die sie betreffen, wenig beteiligt. Ihre Ideen und Meinungen werden häufig ignoriert oder mit der Begründung nicht ernst genommen, ihnen fehle es an Erfahrung und sie seien zu jung. Vor allem, wenn die Interessen und Rechte von Kindern im Konflikt mit denen von Erwachsenen oder Institutionen stehen, wird ihnen vielfach eine geringere Bedeutung zugeschrieben. Vielfach wird sie gar nicht erst ermittelt, da besonders den Eltern automatisch mit der Verantwortung für ihre Kinder auch das Recht eingeräumt wird, für diese zu entscheiden bzw. besser zu wissen, was gut für sie ist (vgl. Eggen 2019, S. 22). So kritisiert beispielsweise die National Coalition für die Umsetzung der UN-Kinderrechtskonvention in Deutschland, dass Kinder in Deutschland viel zu wenig beteiligt werden, wenn es um ihre Belange geht, und entwickelt Maßnahmen zur Umsetzung der Beteiligungsrechte von Kindern in Deutschland. In vielen skandinavischen Ländern besitzen Kinder schon viel mehr Rechte auf Beteiligung, so muss z. B. der individuelle Lehrplan, den die Schule für sie erstellt, mit ihnen besprochen werden (vgl. Rieger 2014, S. 235).

Die mangelnde Beteiligung und vor allem die Fokussierung auf die Verletzlichkeit des Kindes kann zu einem sehr beschützenden Erziehungsstil führen.

5.5 Kindern helfen, es selbst zu tun: Herausforderungen ermöglichen

Die Angst der Eltern

> **Fallbeispiel Emina**
> Emina (5 Jahre) balanciert auf der kleinen Mauer, die den Gehweg im Park eingrenzt. Eine Weile geht sie sehr konzentriert und langsam die Begrenzung entlang. Plötzlich wird sie durch einen Ruf aus der Konzentration gerissen: »Emina, komm sofort da herunter, sonst fällst du.« Emina bleibt sofort stehen und kann keinen Schritt mehr weitergehen aus Angst, herunterzufallen.

Es ist verständlich, dass Eltern versuchen, ihren Kindern eine risiko- und gefahrenfreie Umgebung zu garantieren. »Solchen Kindern fehlt jedoch etwas ganz Entscheidendes: lernen zu können, wie man einen Erkundungs- und Freiheitsradius durch Handeln ausloten kann, um auf diese Weise über sich selbst hinauswachsen zu können« (Stamm 2019, S. 200).

Vor allem Mädchen* gelten als besonders schutzbedürftig. Studien zur Bewegungssozialisation zeigen sehr anschaulich, dass auf der Ebene der alltäglichen Bewegungsaktivierung Erfahrungsräume geschlechtstypisch eröffnet werden (vgl. u. a. Hunger 2014, S. 14ff.). So sind es vor allem Jungen*, die (meist über die Väter* bzw. männliche Bezugspersonen) zu Bewegung aktiviert und ermuntert werden, Grenzen auszutesten (vgl. ebd.).

Kinder vor tatsächlichen Gefahren zu schützen ist eine elterliche Aufgabe. Kinder brauchen jedoch auch Herausforderungen, die sie selber bewältigen, um Problemlösungskompetenz zu entwickeln. Herausforderungen zu bewältigen oder dabei zu scheitern sind notwendige Erfahrungen, um eigene Fähigkeiten einschätzen und Frustrationstoleranz entwickeln zu können. »Hilf mir, es selbst zu tun« heißt ein Leitsatz der Reformpädagogin Maria Montessori.

> **Praxistipp**
>
> Versuchen Sie nicht, es Ihrem Kind immer leichter zu machen und es vor allen Problemen und Herausforderungen zu schützen. Bereits für Säuglinge und Kleinkinder ist es wichtig, Anforderungen selber zu bewältigen. Für die Entwicklung von Vertrauen in die eigenen Fähigkeiten und in die eigenen körperlichen Kräfte ist es notwendig, Kinder bei den alltäglichen Herausforderungen zu unterstützen, ihnen diese aber nicht abzunehmen.

Dies gilt auch für das Meistern der immer wiederkehrenden kleinen und größeren Ablösungsprozesse. Damit Sie Kinder dabei weder unter- noch überfordern, hilft es, wenn Sie Ihrem Kind die Steuerung überlassen.

»Das Kind hat weniger Grund, unsicher und anhänglich zu sein, wenn es den Ablösungsprozess selbst steuert und die Eltern es nicht verlassen, bevor es dazu bereit ist. Dies gilt für die Trennung nachts, für den Besuch der Kinderkrippe, für das Ausgehen am Abend und für jede andere Situation, in der Eltern nicht da sind« (Perry 2020, S. 190).

5.6 Selbstsorge und Solidarität entwickeln

Elternsein ist nicht nur ein dynamischer Prozess der stetigen Aushandlungen zwischen allen Beteiligten, sondern auch eine lange Lebensphase mit spezifischen sich verändernden Freuden und Herausforderungen, also eher ein Marathonlauf als ein Sprint. Stetiges Gehetztsein und ein ständiges Hin- und Herschalten zwischen den verschiedenen Herausforderungen beeinträchtigt die Lebensqualität. Herrschende Männlichkeitsvorstellungen und der Handlungsmodus des »man muss funktionieren« erschweren es vielen Vätern*, sich Überforderungen einzugestehen und für sich selbst zu sorgen.

5.6 Selbstsorge und Solidarität entwickeln

Unrealistische Elternleitbilder, die gesellschaftlich konstruiert sind, wie das Ideal der »perfekten Mutter« (und die damit teilweise verbundene Konkurrenz unter Frauen*), haben nicht nur negative Auswirkungen auf Kind, Partnerschaft und Freundschaften, sondern auch auf uns selbst. Auch Kinder profitieren davon, wenn es ihren Eltern gut geht, und sie lernen eben auch, dass Mitgefühl und Selbstsorge wichtig sind. Vor allem Eltern mit Kindern, die chronisch krank oder beeinträchtigt sind, brauchen Unterstützung und Netzwerke (wie z. B. Selbsthilfegruppen), um zu lernen, sich auch um sich selbst zu sorgen.

Unterschiedliche Bewältigungsstrategien

> **Fallbeispiel Ellena und Tarik**
> Ellena und Tarik sind in einer angeleiteten Selbsthilfegruppe für Eltern mit chronisch kranken Kindern. Alle Eltern sollen kurz überlegen und in der Gruppe mitteilen, was sie für sich selbst tun. Ellena gibt an, dass sie jeweils samstags morgens joggen geht, Tarik, dass er sich abends manchmal mit Freunden trifft, ein anderer Vater erzählt von langen Spaziergängen, wieder ein anderer von Horrorfilmen, die er schaut.

Das Beispiel zeigt, dass die Bewältigungsstrategien und Formen der Selbstsorge sehr unterschiedlich sein können und sind. Es gibt also nicht die eine und richtige Art und Weise. Es geht darum, herauszufinden, was für mich jeweils hilfreich ist.

> **Praxistipp**
> Planen Sie feste Zeiten und Räume im Alltag für sich selbst ein. Finden Sie heraus, was Ihnen persönlich gut tut. Dabei können die Formen der Selbstsorge sehr unterschiedlich sein und sich im Laufe der Zeit auch ändern, für die einen ist es ein Spaziergang oder Sport in der Natur, für die anderen ein Treffen mit

5 Wie wir uns von überhöhten Anforderungen abgrenzen

> Freund_innen und für wieder andere ein Fernsehabend auf dem Sofa.

Die Elternleitbilder zur Förderung des eigenen Kindes und vor allem das Idealbild der »perfekten Mutter« können zu einer Fokussierung auf das eigene Kind und dessen Entwicklung führen. Eine Fokussierung, die weder für Eltern noch für Kinder förderlich ist. Andere Lebensbereiche und -themen können dabei leicht aus dem Blick geraten, wie Partnerschaft, Freundschaften, Politik, Kultur- und Naturerleben und vor allem auch andere Kinder. Sinnvoll ist es, die Sorge um das eigene Kind zu erweitern. Der Blick auf die gesamte Gruppe der Kinder in Nachbarschaft, Kita oder Schule und vor allem auch auf jene, die weniger gute Chancen haben, ist auch ein wichtiges Signal im Sinne von Inklusion und gesellschaftlicher Solidarität.

6

Sozialisation und Geschlecht in Kindheit und Jugend

Die Erziehungsvorstellungen und -ziele von Eltern unterscheiden sich heute meist nicht mehr nach dem Geschlecht des Kindes. Eltern wünschen sich für ihr Kind, dass es glücklich wird, mit den jeweiligen Anforderungen im Leben umzugehen weiß, die eigenen Fähigkeiten entdeckt und sozial verantwortlich handelt. Auch aktuelle nationale und internationale Forschungsergebnisse zeigen, dass es positive Auswirkungen auf die kognitive und sozial-emotionale Entwicklung von Kindern hat, wenn sie unabhängig von Geschlechterstereotypen, in ihren individuellen Interessen und Fähigkeiten gefördert werden (vgl. dazu u. a. die Zusammenfassung von verschiedenen Studien von Heisig 2019, S. 12). Dage-

6 Sozialisation und Geschlecht in Kindheit und Jugend

gen zeigen empirische Studien, dass eine starke Betonung des Geschlechts bzw. Geschlechterstereotype von Eltern und pädagogischen Fachkräften (Erzieher_innen, Lehrer_innen) negative Effekte auf die kindliche Entwicklung haben (vgl. u. a. ebd., S. 15; Hunger 2014).

Warum wir uns in unserem Erziehungsverhalten dennoch vielfach unbewusst an alten und neuen Geschlechterbildern orientieren, was alles das Aufwachsen beeinflusst (dieses Kapitel) und wie wir Kinder und Jugendliche unabhängig von Geschlechterstereotypen in ihren Entfaltungsmöglichkeiten fördern können (▶ Kap. 7 bis ▶ Kap. 10), soll im Folgenden erläutert werden.

6.1 Aufwachsen in einer Kultur der Zweigeschlechtlichkeit

Mit dem Begriff Sozialisation bezeichnet man in den Sozialwissenschaften den Prozess des Aufwachsens von Kindern in der aktiven Aneignung und Auseinandersetzung mit der Umwelt. Sozialisation dauert lebenslang, allerdings sind Sozialisationsprozesse in der frühen Kindheit besonders intensiv. Die Pubertät stellt eine weitere besondere Phase dar, weil es sich hier aufgrund körperlicher und sozialer Veränderungen um eine Übergangsphase handelt.

Jede Sozialisation ist sehr individuell und einzigartig, aber es gibt auch Bedingungen in die Kinder hineingeboren werden, die typisch sind, wie die jeweilige Zeit und Generation, die jeweilige Kultur, das Milieu und vieles mehr. Das heißt, dass es immer auch typische Formen der Sozialisation gibt, die ähnliche Muster hervorbringen.

So sind Kinder von Anfang an von geschlechtsstrukturierten Erfahrungsfeldern umgeben. Die Gesellschaft, in die das Kind hineingeboren wird, ist eine Kultur der Zweigeschlechtlichkeit, d. h., dass sehr viele Lebensbereiche vor allem nach männlich und weiblich

6.1 Aufwachsen in einer Kultur der Zweigeschlechtlichkeit

unterschieden werden. Diese Differenzierung hat Einfluss auf die Entwicklung von Kindern. Denn Geschlecht ist verwoben in alle Lebensbereiche:

- wie die Gesellschaft aufgebaut und strukturiert ist, wer welche Berufe ausübt,
- Kleidung, Spielwaren, Farben, Formen,
- Verhaltensweisen, Gefühlsäußerungen und Körperpraxis sind vergeschlechtlicht.

Innerhalb dieser Erfahrungsfelder agieren Menschen jedoch wiederum individuell und verarbeiten und bewältigen die Rahmenbedingungen sehr unterschiedlich und von Geburt an auch immer aktiv. Sozialisation vollzieht sich daher nicht im Sinne von Ursache und Wirkung oder mechanisch, sondern ist ein vielschichtiges Geschehen, in dem sich die Ebenen wechselseitig beeinflussen. Bei der Betrachtung des Aufwachsens von Kindern müssen daher immer die verschiedenen Ebenen verknüpfend und in ihrer Wechselseitigkeit berücksichtigt werden, neben den gesellschaftlichen Strukturen (▶ Kap. 6.2) und den Geschlechterstereotypen (▶ Kap. 6.3) sind es eben auch die Subjekte selbst, die in diesen Strukturen agieren und ihre (Geschlechts-)Identitäten (▶ Kap. 6.4) subjektiv und aktiv konstruieren (▶ Abb. 2).[5]

---

[5] Gabriele Winker und Nina Degele (2009) haben mit ihrem Aufsatz zur »Intersektionalität als Mehrebenenanalyse« ein Konzept vorgelegt, dass nicht nur die Notwendigkeit der Verknüpfung verschiedener Aspekte (wie u. a. Geschlecht, Schicht, Ethnizität) verdeutlicht, sondern auch die Notwendigkeit der Analyse dieser sozialen Kategorien auf verschiedenen Ebenen. In Anlehnung werden im Folgenden die Ebenen von Sozialisation und Geschlecht dargestellt.

6 Sozialisation und Geschlecht in Kindheit und Jugend

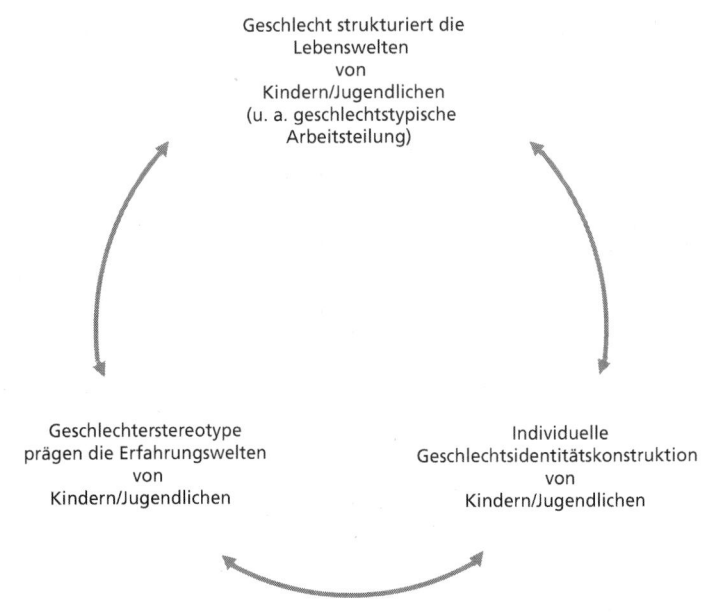

Abb. 2: Sozialisation und Geschlecht (eigene Darstellung)

6.2 Wie die geschlechtstypische Arbeitsteilung die kindliche Entwicklung beeinflusst

Was ist Arbeit?

Fallbeispiel Ada
Im Laufe des Tages fragt Ada (1 Jahr 11 Monate) mich mehrfach, wo denn der Papa sei. Bruno, Malik, Jorgo und all die anderen Väter sind bei der Arbeit und wundersamerweise haben Isra, Aliki und ich nachmittags Zeit. Wir arbeiten halbtags oder kommen mal früher von der Arbeit, um Zeit mit ihnen zu verbringen und mit ihnen zu spielen. Ich frage mich, warum ich auf

6.2 Wie die geschlechtstypische Arbeitsteilung die Entwicklung beeinflusst

ihre Frage immer antworte, dass Papa bei der Arbeit sei. Ist das, was ich mache, keine Arbeit?

Neben den Erziehungsvorstellungen und -bemühungen von Eltern wird die Entwicklung von Kindern vor allem durch die Beobachtung beeinflusst, wie sich Erwachsene konkret verhalten. Diese Modellfunktion ist entscheidend. Vor allem die erlebte Aufgaben- und Arbeitsteilung und die Beziehung zwischen den Geschlechtern spielen eine wichtige Rolle. Je kleiner die Kinder sind, je weniger sind es Gespräche und umso mehr sind es die konkreten Verhaltensweisen, die entscheidend sind (▶ Abb. 2).

Kinder lernen im Laufe ihrer aktiven Auseinandersetzung mit der sie umgebenden Welt, dass Frauen* eher für Pflege, Fürsorge und Erziehung zuständig sind und Männer* eher für Technik, Wirtschaft und auch Politik. Aufgaben und Berufe sind geschlechtstypisch aufgeteilt und werden unterschiedlich bewertet. Kinder und Jugendliche erleben, dass Erziehungstätigkeiten und Fürsorgearbeit in der Familie vielfach gesellschaftlich und auch individuell nicht als Arbeit betrachtet und auch als berufliche Tätigkeit vielfach geringer wertgeschätzt und bezahlt wird.

Zugleich erleben sie, dass diese Tätigkeiten eher von Frauen erwartet und übernommen werden. So sind Frauen* meist präsenter in der Lebenswelt von Kindern, in der Kita, in der Schule und auch zu Hause. Männer* dagegen »gehen meist Vollzeit arbeiten« und sind auch eher in Leitungspositionen. Kinder beobachten Erwachsene und entnehmen – in der Regel unbemerkt – aus deren Verhaltensweisen, Bewertungen und Arbeitsteilungen Botschaften zum Thema Geschlecht. Neben dem konkreten Verhalten von Erwachsenen sind es vor allem die allgegenwärtigen Geschlechterstereotype und -symbole, die Kinder beeinflussen (wie wir damit umgehen können ▶ Kap. 7.1).

6.3 Wie Geschlechterstereotype die Entwicklung von Kindern behindern

Stereotype beeinflussen unsere Wahrnehmung

> **Fallbeispiel Baby X-Experiment**
> Bei den sogenannten Baby X-Experimenten wurde Versuchspersonen ein und dasselbe Baby gezeigt. Beide Gruppen wurden gebeten, Verhaltensweisen und Eigenschaften des Kindes zu beschreiben. Dabei wurde der einen Gruppe die Information gegeben, bei dem Baby handle es sich um ein Mädchen, der anderen wurde gesagt, es handle sich um einen Jungen. In den anschließenden Beschreibungen der Gruppe ergaben sich große Unterschiede. Während die eine Gruppe das Baby (»Mädchen«) als fröhlich und ruhig darstellte, beschrieb die andere Gruppe dasselbe Baby (»Junge«) als eher unruhig und zornig (Seavy, Katz, Rosenberg 1975, S. 103ff.).

Kinder werden von Geburt an mit Geschlechterstereotypen konfrontiert sowohl über das Verhalten von Menschen in ihrem Umfeld als auch über Spielwaren, Kleidung, Kinderbücher, soziale Medien und vielem mehr (▶ Abb. 2). Kinder filtern tagtäglich Informationen über »Männlichkeit«, »Weiblichkeit« und die Geschlechterverhältnisse aus ihrer dinglichen und sozialen Umwelt heraus. Sie entnehmen ihrer Umwelt dabei Botschaften, die wir als Erwachsene meist nicht mehr als solche wahrnehmen (vgl. Focks 2016, S. 16ff.). Dagegen beobachten Kinder sehr aufmerksam, was in ihrer Umwelt geschieht. Indem sie ihre Umwelt beobachten und deuten, bildet sich ein vorreflexives Geschlechterwissen (vgl. Wetterer 2008). Dieses Wissen strukturiert wiederum, was und wie Kinder wahrnehmen und hat Einfluss auf ihre Vorstellungen.

Kinder nehmen Stereotype anders wahr, als Erwachsene dies tun. Für Kinder sind die Stereotype »Wahrheit«, denn sie können die Verallgemeinerungen noch nicht erkennen. Geschlechterste-

6.3 Wie Geschlechterstereotype die Entwicklung von Kindern behindern

reotype und wiederkehrende typische Verhaltensweisen (Verhaltenstypisierungen) sind für jüngere Kinder die Grundlage für ihre Vorstellungen von Geschlecht. Kinder lernen früh, dass es beim Geschlecht nur ein »entweder/oder« gibt und sie erfahren was beim jeweiligen Geschlecht überwiegend als »normal« oder als »abweichend« bewertet wird (vgl. Focks 2016, S. 17). Diese frühen Botschaften über Geschlecht und andere soziale Identitäten wie Milieu oder Herkunft fördern oder behindern die Entfaltungsmöglichkeiten von Kindern und Jugendlichen.

Da Geschlechterstereotype vielfach unbewusst und mehrgleisig wirken, sind sie besonders prägend: Wenn Kinder den Stereotypen entsprechen, werden sie sozial anerkannt, belohnt oder sogar bewundert, so dass sich das Verhalten häufig verstärkt (vgl. Elsen 2020, S. 107).

Wenn Kinder und Jugendliche in einigen Bereichen, die den jeweiligen Geschlechterstereotypen entsprechen, ihre Fähigkeiten mehr erproben, dann entwickeln sie in diesen Bereichen auch mehr Kompetenzen. Denn durch die physiologische und anatomische Plastizität entwickeln sich unsere körperlichen Strukturen mit den Erfahrungen, die wir machen. Jene Regionen, die wir verstärkt gebrauchen, entwickeln sich stärker. So wird beispielsweise die Synapsenbildung im Gehirn entscheidend gefördert durch geistiges und körperliches Training. Wenn Kinder und Jugendliche in bestimmten Bereichen mehr Kompetenzen entwickelt haben, erhalten sie vielfach Anerkennung von anderen, was häufig wiederum das Interesse an diesen Bereichen verstärkt (▶ Abb. 3).

Dass wir Kinder und Jugendliche vielfach geschlechtsspezifisch erziehen und bilden, liegt auch darin begründet, dass wir als Erwachsene vielfach nicht wahrnehmen, wenn sich Kinder und Jugendliche geschlechtsuntypisch verhalten. Dies ist in der Regel keine bewusste Entscheidung, sondern hat damit zu tun, dass Geschlechterstereotype bereits unsere Wahrnehmung beeinflussen. Dies zeigen die sogenannten Baby X-Experimente sehr anschaulich: Wir sehen, was wir zu sehen erwarten. Die Geschlechtersymbolik beeinflusst eben auch die Art und Weise, wie Eltern und auch Erzieher_innen, Lehrer_innen und Sozialarbeiter_innen Kinder wahrnehmen und welche Erwartungen wir an sie haben. Stereotype verstellen also vielfach unseren Blick auf das wirkliche konkrete Verhalten von Kindern und Jugendlichen. Im Alltag führen die angenommenen Geschlechterunterschiede vielfach dazu, dass wir unterschiedliche Erwartungen an Kinder und Jugendliche stellen und sie entsprechend geschlechtstypisch unterschiedlich erziehen und bilden.

Studien zeigen, dass Eltern sich im konkreten Alltagshandeln vielfach an tradierten Geschlechtervorstellungen orientieren, obwohl sie ihre Kinder gleich und vor allem individuell behandeln wollen (vgl. u. a. Hunger 2014, S. 15–20). So zeigt eine Studie zur Körper- und Bewegungssozialisation, dass Kinder geschlechtstypisierend ausgestattet werden; beispielsweise werden Spielwaren, Abbildungen auf Brotdosen sowie Getränkeflaschen, Hausschuhe und andere Bekleidung geschlechtsspezifisch ausgewählt (ebd., S. 17).

Studienergebnisse zu Geschlechterstereotypen im Elternhaus und im Alltag

> »Die allgegenwärtige Symbolik realisiert sich bei Jungen – neben klassischen Motiven wie Fußball, Feuerwehr etc. – in Form von […] Figuren, wie Lightning McQueen (erfolgreicher Rennwagen) und Spider-Man (Actionheld), sowie Motiven aus Star Wars (Heldenepos), die jeweils Actionbereitschaft und Stärke, Raumexploration und Wettbewerbsbereitschaft, Technik und Angriff symbolisieren. Bei Mädchen dominieren derzeit im späten Kindergartenalter abgebildete Motive, wie Prinzessin Lillifee (kleine Blütenfee), Hello Kitty (backende Katze), Filly (königliche, elfenartige Miniperde bzw. Einhörner) etc., die in ihren prägenden Eigenschaften Harmonie, Ästhetik und Phantasie verkörpern« (ebd., S. 17f.).

Die Eltern, die an der Untersuchung teilnahmen, haben dabei den Widerspruch zwischen dem von ihnen formulierten geschlechtsunabhängigen Erziehungsanspruch und ihrem konkreten an tradierten Geschlechterbildern orientierten Alltagshandeln kaum wahrgenommen.

6.3 Wie Geschlechterstereotype die Entwicklung von Kindern behindern

Ein geschlechtstypisches Verhalten wird jedoch nicht nur – häufig ungewollt und unreflektiert – gefördert und nicht typische Verhaltensweisen gar nicht erst wahrgenommen. In vielen nationalen und internationalen Studien wird zudem deutlich, dass Jungen* bei nicht-geschlechtskonformen Verhalten mit besonderer Aufmerksamkeit bedacht und aus dem sozialen Umfeld heraus sanktioniert werden (vgl. dazu die Studienanalyse von Heisig 2019, S. 15).

Wenn beispielsweise ein Junge* den geschlechtstypischen Vorstellungen widerspricht, indem er z. B. als ängstlich-unsicher wahrgenommen wird, erhält das Kind besondere Aufmerksamkeit. »Darüber hinaus ist teilweise auch eine unterschwellige (und durchaus homophobe) Form der Sexualisierung des Jungenverhaltens zu konstatieren« (Hunger 2014, S. 18).

Auch Kinder aus Familien in denen mindestens ein Elternteil lesbisch, schwul, bisexuell oder trans* lebt (sogenannte Regenbogenfamilien), müssen häufig mit Diskriminierungen leben (vgl. u. a. Streib-Brzic, Quadflieg 2011).

Geschlechterstereotype sind typisch für eine bestimmte Zeit und Kultur und es finden sich sozialräumliche und milieutypische Unterschiede. Sehr präsent sind in der öffentlichen Diskussion und auch in Fachpublikationen seit einigen Jahren die Bilder von Mädchen* als Gewinnerinnen im Bildungsbereich. Jungen* dagegen gelten als Verlierer im Bildungssystem, als unkonzentriert und unangepasst. In der öffentlichen Diskussion wird immer wieder auf den durchschnittlich erhöhten Anteil von Jungen* an sonderpädagogischen Förderbedarf hingewiesen. Die Fokussierung auf solche Unterschiede fördert eine geschlechterstereotype Betrachtung und hat eine nicht zu unterschätzende Wirkung auf die Erwartungshaltung von Erwachsenen und darauf wie Kinder sich selbst wahrnehmen (vgl. Focks 2016, S. 21). Jungen* und männliche Jugendliche mit Migrationshintergrund sind von dieser stereotypen Wahrnehmung im Besonderen betroffen.

Hannelore Faulstich-Wieland (2010) zeigt mit ihren Untersuchungen, dass unsere Vorstellungen von Männlichkeit dazu beitragen, dass Jungen* vielfach in der Schule schlechter abschneiden.

Im Rahmen der Studien wird deutlich, dass von Jungen* eher erwartet wird, dass sie unangepasst sind, sich in den Mittelpunkt stellen und dabei von Lehrkräften und anderen Kindern – ungewollt – unterstützt werden. So erhalten Jungen* vielfach Aufmerksamkeit für widerständiges Verhalten und begeben sich dabei »auf einen schmalen Grat zwischen bewundert werden und nerven« (vgl. ebd., S. 9).

Unsere bewussten und unbewussten Rollenvorstellungen als Teil der Geschlechtersymbolik wirken sich also auch auf Erziehung und Bildung aus (vgl. dazu Elsen 2020, S. 175ff.). Dies wird in vielen empirischen Studien in der Schule deutlich sichtbar (vgl. dazu ebd.). So wird beispielsweise Selbstbehauptung im Gespräch von Lehrkräften bei Jungen* als intelligent empfunden, bei Mädchen* aber als unangemessen (vgl. Faulstich-Wieland et. al. 2009, S. 216).

Menschen, die sich gegen Stereotype behaupten müssen, haben es deutlich schwerer als andere. Seit vielen Jahrzehnten wird dies in Studienergebnissen immer wieder deutlich, wie u.a. in der frühen Untersuchung von Steele (1995). Die Ergebnisse zeigen, dass Geschlechterstereotype auch die Leistungsfähigkeit beeinträchtigen. Steele teilte in ihren mathematischen Leistungen vergleichbare Testpersonen in zwei Gruppen auf. Eine der beiden Gruppen wurde vor dem Test gesagt, dass Männer und Frauen bei den Tests immer sehr unterschiedlich abschneiden würden. In dieser Gruppe fiel das Ergebnis der Mathetests bei den Frauen* deutlich schlechter aus als bei der Gruppe ohne den Hinweis auf die Unterschiede (wie wir die Entfaltungsmöglichkeiten von Kindern und Jugendlichen fördern können ▶ Kap. 7.2).

6.4 Wie Kinder und Jugendliche ihre Geschlechtsidentitäten entwickeln

Woher weißt du, dass du ein Junge bist?

Fallbeispiel Jason
Dialog des Wissenschaftlers Stephen Franzoi mit Jason (5 Jahre) zum Thema: Woher weißt du, dass du ein Junge bist? (Franzoi zit. nach Elsen 2020, S. 166, übersetzt durch P. F.):

Stephen Franzoi: Woher weißt du, dass du ein Junge bist?
Jason: Weil, du kannst es sagen, wenn die Haare nicht lang sind.
S. F.: Also ist ein Junge jemand, dessen Haare kurz sind?
Jason: Ja. Und wenn du diese Art von Shirts trägst (zeigt auf sein eigenes Shirt).
S. F.: Wenn du deine Haare lang wachsen lässt, wirst du dann ein Mädchen?
Jason: Ja.
S. F.: Was ist mit deinem Vater? Ist dein Vater ein Junge oder ein Mädchen?
Jason: Junge.
S. F.: Und woher weißt du das?
Jason: Weil seine Haare kurz sind.
S. F.: Wenn du ein Mädchen beschreiben würdest, wie würdest du das tun? Wie würdest du ein Mädchen beschreiben?
Jason: Ein Mädchen ist uh ... wenn ... hmmm. Wenn du ein Mädchen bist, trägst du andere Kleidung als diese Kleidung (zieht an seinem Shirt). Und deine Haare sind lang.
S. F.: Wenn wir dich in den anderen Raum bringen und dir ein Kleid anziehen und dich dann wie-

Jason:	der hierhin zurückbringen, bist du dann ein Mädchen?
Jason:	Nein, ich bin noch immer ein Junge, weil ich immer noch kurze Haare habe.
S. F.:	O. K. Also lass uns mal sagen, dass wir dich in den anderen Raum bringen, dir ein Kleid anziehen und dir dann eine Perücke anziehen, so dass du lange Haare hast. Bist du dann ein Mädchen?
Jason:	Ja.

Unsere Gesellschaft ist eine Kultur der Zweigeschlechtlichkeit, in der Geschlecht in fast alle Bereiche des Lebens eingewoben ist. Dies beeinflusst die Entwicklung von Kindern. Bereits in den ersten Lebensmonaten, noch bevor sich ein Kind als Junge* bzw. Mädchen* wahrnehmen kann, lernt es die Welt als männlich oder weiblich kennen, diese so zu ordnen, und wird von dieser ebenso behandelt (vgl. Trautner 2006, S. 103).

Die Entwicklung des Geschlechts im sozialen Sinne (soziales Geschlecht: Verhaltensebene/Rollen) und auch jene im psychologischen Sinne (Geschlechtsidentität: gefühltes Geschlecht) erstreckt sich über das ganze Leben (▶ Abb. 3). Besonders prägnant sind jedoch die Kindheit und die Pubertät.

Definition Geschlechtsidentitäten
Die Begriffe *cisgeschlechtlich* oder »*cis*« (lat. »cis«: diesseits) werden als Oberbegriff für alle Menschen definiert, die sich dem ihnen zugewiesenem Geschlecht zugehörig fühlen und deren Körper den medizinischen Normen von Junge und Mädchen bzw. Mann und Frau entspricht.
*Trans**Menschen identifizieren sich nicht oder nicht nur mit dem Geschlecht, das ihnen bei der Geburt zugewiesen wurde. *Trans** wird als Oberbegriff für alle Menschen verstanden, die sich einem anderen als dem ihnen zugewiesenen Geschlecht

6.4 Wie Kinder und Jugendliche ihre Geschlechtsidentitäten entwickeln

> zugehörig fühlen oder die ihre Geschlechtsidentität jenseits der binären Geschlechterordnung leben.
> *Inter** benennt Personen, deren Körper den medizinischen Normen von Mädchen und Junge bzw. von Frau und Mann nicht entsprechen. Intergeschlechtlichkeit kann zusätzlich eine Geschlechtsidentität sein (vgl. TransInterQueer 2012).
> *Nicht-binär* oder auch *genderqueer* sind Selbstbezeichnungen für eine Geschlechtsidentität, die sich nicht in den binären Gegenüberstellungen von Mann und Frau wiederfinden.

»Die geschlechtsbezogene Entwicklung von Kindern ist als ein komplexes transaktionales Prozessgeschehen anzusehen, innerhalb dem verschiedene Einflussfaktoren (biologisch, kulturell, sozial, kognitiv etc.) zusammenwirken.« (Huber 2021, S. 247/248). Eine genaue zeitliche Bestimmung von einzelnen Stufen ist daher kaum möglich, es lassen sich jedoch Phasen identifizieren.

Frühe Kindheit

Kinder lernen die sie umgebende Welt sehr früh als »männlich« und »weiblich« kennen. Sie entwickeln ihre Geschlechtsidentitäten jedoch erst langsam im Alter von 18 bis 24 Monaten. Sie müssen die Regeln für die Unterscheidung der Geschlechter erst erlernen. Dazu orientieren sie sich in der frühen Kindheit an Geschlechtersymbolen, wie etwa an der Länge der Haare, der Kleidung, an Spielwaren und an Farben (vgl. auch Gildemeister, Robert 2011, S. 96). Später geschieht dies des Weiteren durch unterschiedliche Spielvorlieben, Verhaltensweisen, Gefühlsäußerungen und Körperpraxen. Zwischen drei und vier Jahren kennen Kinder meist die wichtigsten geschlechtstypischen Verhaltensweisen und sozialen Rollen. Mit bestimmten Spielvorlieben, wie etwa mit Puppen oder mit Autos zu spielen, oder mit bestimmten Verhaltensweisen, wie zu toben oder still zu basteln, stellen Kinder auch »Jungesein« und »Mädchensein« dar. Es handelt sich um soziale Praktiken, die situativ im Alltag immer hergestellt werden können und in der Geschlechterforschung als »doing gender« bezeichnet werden.

Kinder haben in der frühen Kindheit ihre Geschlechtsidentität noch nicht sicher verfügbar, und können daher Uneindeutigkeiten nicht zulassen (vgl. Faulstich-Wieland 2000, S. 12). Es erleichtert ihnen die Zuordnung zu einem Geschlecht, wenn sie die Unterschiede zwischen den Geschlechtern besonders deutlich hervorheben. Kinder im Alter von vier bis fünf Jahren äußern daher besonders klischeehafte Vorstellungen von Männlichkeit und Weiblichkeit; beispielsweise ist ein Kind mit kurzen Haaren und einem dunklen T-Shirt ein Junge. So hat Jason aus dem o. g. Beispiel keine sogenannte Geschlechterkonstanz. Für ihn lässt sich das Geschlecht ändern, wenn man die äußeren Symbole, wie Haarlänge und Kleidung verändert.

Kinder achten in diesem Alter sehr auf ein »geschlechterangemessenes Verhalten« und zeigen damit auch, dass sie gelernt haben, was in unserer Gesellschaft als weiblich bzw. männlich gilt und dass es notwendig ist, sich zuzuordnen. Sie imitieren Verhaltens- und Gefühlsweisen, die sie gesehen haben, und sie setzen vor allem auch eigene Impulse. Kinder stellen dabei im Alltag und besonders im Spiel bewusst die Geschlechterverhältnisse her. Sie probieren aus, sie übertreiben und schauen, was von den Erwartungshaltungen ihren eigenen Interessen entspricht und wie die (soziale) Umwelt reagiert, wenn sie sich nicht den Erwartungen entsprechend verhalten (vgl. Focks 2016, S. 42).

Weitere Kindheit

Verhalten sich Kinder den Zuweisungen an ihr Geschlecht entsprechend, werden sie vielfach von Erwachsenen und vor allem auch von anderen Kindern anerkannt oder gar bewundert. Mit den Darstellungen von Mädchen- und Jungesein (doing gender) sind Versprechungen verbunden; wie dazu zu gehören, zu sein wie die anderen, manche versprechen Selbstbehauptung und

6.4 Wie Kinder und Jugendliche ihre Geschlechtsidentitäten entwickeln

Überlegenheit, andere Anerkennung und Schutz (vgl. auch Helferich 1998, S. 37).

Unsere Gesellschaft stellt Kindern ein unterschiedliches Repertoire an Verhaltens- und Gefühlsweisen sowie Körperpraxen zur Verfügung, an denen sie sich orientieren können, was jeweils als weiblich und männlich gilt. Obwohl die Darstellung von Geschlecht in der frühen Kindheit mal ernster und mal mehr spielerisch ist, bleibt sie jedoch vielfach noch äußerlich. Im Laufe der weiteren Entwicklung in der Kindheit verselbständigt sich die Darstellung und wird zunehmend routinisierter. Kinder haben im Vorschul- und Schulalter bereits eine Reihe von vergeschlechtlichten sozialen Praktiken kennengelernt. Sie haben diese erprobt und sich angeeignet, so dass sie spätestens im Schulalter bereits mit so viel Erfahrung erfolgen, dass sie nicht mehr als solche sichtbar sind. Dieses verkörperte Muster bzw. Wissen wird in unserer Wahrnehmung dann leicht als »natürlich« interpretiert (vgl. auch Focks 2016, S. 89). Wenn Kinder sich das Verhaltensrepertoire und die Geschlechterregeln angeeignet – quasi einverleibt – haben, entwickelt sich zunehmend ein kategoriales Denken. Äußere Symbole entscheiden dann nicht mehr allein über die Geschlechtszugehörigkeit: Dann weiß Jason aus dem o. g. Beispiel, dass er ein Junge bleibt, auch wenn er ein Kleid anzieht und eine Perücke mit langen Haaren aufsetzt. Kinder werden dann zunehmend flexibler und können sich auch differenzierter zu ihren Geschlechtsidentitäten äußern.

Pubertät und Jugendalter

Neben der frühen Kindheit ist auch die Pubertät eine Entwicklungsphase in der »doing gender«-Prozesse besonders ausgeprägt stattfinden. Denn mit der Pubertät verändert sich der Körper hormonbedingt, so dass Jugendliche auch verstärkt in ihrer Geschlechtlichkeit betrachtet werden. Die Auseinandersetzung mit den körperlichen Veränderungen und mit der veränderten Wahrnehmung auf sich selbst durch andere, fordert von Jugendlichen eine weitere Auseinandersetzung mit der eigenen Geschlechtsidentität. Außerdem öffnet sich in dieser Entwicklungsphase die familiale zur mehr öffentlichen Sozialisation. Die Einflüsse der Familie werden weniger wichtig und der Einfluss der Gleichaltrigen bzw. der Peergroup nimmt zu. In dieser Phase probieren Jugendliche sich aus und inszenieren »Weiblichkeit« und »Männlichkeit« und setzen sich mehr oder weniger bewusst mit dem jeweils herrschenden Habitus auseinander.

Erproben, posieren und dramatisieren

Für den Soziologen Bourdieu (1997/2005) ist der männliche Habitus eine Form der notwendigen Zuordnung, die die symbolische Ordnung der Zweigeschlechtlichkeit allen Menschen in unserer Kultur abverlangt. Menschen müssen sich in ihren Handlungs- und Gefühlsweisen sowie Körperpraxen in eine der sich gegenseitig ausschließenden Kategorien »männlich« oder »weiblich« einordnen. Der Habitus ist dabei zu verstehen als ein überindividuelles Bündel von Denk-, Wahrnehmungs- und Bewertungsschemata. Zum männlichen Habitus gehören zurzeit beispielsweise Wettbewerb, Rationalität, Risikobereitschaft, Externalisierung, Kontrolle und Arbeitsorientierung, die u.a. im Handlungsmodus des »man muss funktionieren« münden (vgl. auch Böhnisch 2013, S. 35). Auch Bewertungsschemata, wie die höhere Bewertung von technischen und wirtschaftlichen im Gegensatz zu sozialen, fürsorgenden und pflegerischen Tätigkeiten gehören dazu. Der Habitus entwickelt sich bereits im Kindesalter, wird im Jugendalter durch Erfahrungen mit Gleichaltrigen ausprobiert und durch die Erwartungen in der Peergroup verfestigt oder verändert. Jugendliche posieren, dramatisieren und probieren aus; beispielsweise beschäftigen sich einige verstärkt mit ihrem Aussehen und entwickeln eine betont maskuline bzw. feminine Körpersprache, andere begeben sich in riskante Situationen und wieder andere meiden jegliche geschlechtstypische Zuordnung. Der jeweiligen (Jugend-)Kultur und Zeit entsprechend nutzen sie die jeweils bereitgestellten Symbole, Verhaltensweisen und Körperpraxen und experimentieren mit die-

6.4 Wie Kinder und Jugendliche ihre Geschlechtsidentitäten entwickeln

sen (▶ Abb. 3). Viele Eltern wundern sich, dass ihre Kinder im Jugendalter teilweise sehr geschlechtstypisches Verhalten zeigen. Diese Entwicklungsphase fordert Eltern daher meist viel Geduld und Vertrauen ab.

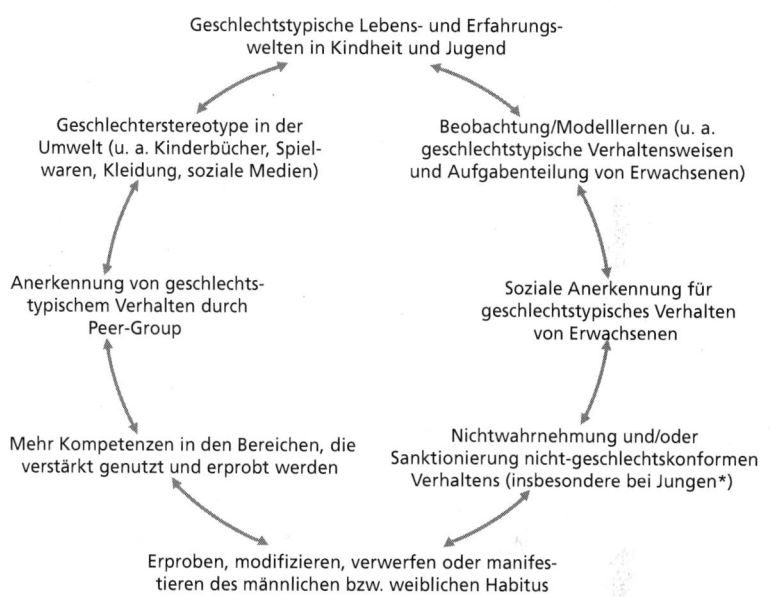

Abb. 3: Geschlechtsidentitätsentwicklungen in einer Kultur der Zweigeschlechtlichkeit (geschlechtstypische Sozialisation – eigene Darstellung)

Erwachsenenalter

Die Entwicklung von Geschlechtsidentitäten ist ein kontinuierlicher Prozess. So müssen sich auch Erwachsene mit dem gesellschaftlichen bereitgestellten Repertoire an vergeschlechtlichten Verhaltens- und Gefühlsweisen und Körperpraxen immer wieder auseinandersetzen (vgl. Focks 2016, S. 42). Kinder, Jugendliche und auch Erwachsene sind ständig herausgefordert, sich zu den Geschlechternormen zu verhalten und als vergeschlechtlichte Personen zu agieren. Allerdings ist bei Erwachsenen die Darstellung und auch die Wahrnehmung von Geschlecht so routiniert, dass diese für sie selbst und auch für andere meist unbewusst bleibt (vgl. auch Gildemeister, Robert 2011, S. 96; wie wir die die Identitätsentwicklung von Kindern und Jugendlichen als offenen Prozess fördern können ▶ Kap. 7.3).

7

Wie wir die Entfaltungsmöglichkeiten von Kindern und Jugendlichen fördern können

Da Geschlecht unser (gesellschaftliches) Leben strukturiert und Geschlechterstereotype omnipräsent sind, erscheinen uns die gegenwärtig herrschenden Geschlechterverhältnisse als natürlich, selbstverständlich und normal. Daher ist es nicht verwunderlich, dass viele Eltern und auch pädagogische Fachkräfte die Kinder und Jugendliche eigentlich jenseits von Geschlechterstereotypen erziehen wollen, sich in ihrem Erziehungsverhalten vielfach unbewusst an tradierten Geschlechterbildern orientieren. Dies zeigen unterschiedliche Studien (vgl. u. a. Faulstich-Wieland 2010; Hunger, Zimmer 2012; Ducret, Nanjoud 2012). Hinzu kommt, dass Eltern und pädagogische Fachkräfte häufig auch in Familien mit tradierten Geschlechterbildern aufgewachsen sind. In ihrem eigenen Erziehungsverhalten entdecken sie teilweise Verhaltensmuster, Haltungen und Denkweisen, die bereits ihre Eltern hatten.

Wenn wir uns nicht bewusst und reflektiert damit auseinandersetzen, wiederholen wir in der Erziehung und der Bildung ungewollt die vorherrschenden Geschlechtervorstellungen (vgl. Focks 2016, S. 9).

Dies führt jedoch häufig dazu, dass die Entfaltungsmöglichkeiten von Kindern und Jugendlichen eingeschränkt werden auf das, was in der jeweiligen Zeit und Kultur als »weiblich« oder als »männlich« gilt und Kinder und Jugendliche ausgegrenzt werden, die den geschlechtstypischen Vorgaben nicht entsprechen können oder wollen.[6] In empirischen Studien wird übereinstimmend deutlich, dass die Betonung von Geschlecht bzw. das gendern von Lebensbereichen und vorherrschende Geschlechterstereotype Kinder in ihrer kognitiven, sozialen und emotionalen Entwicklung behindern. Katharina Heisig fasst die Ergebnisse verschiedener nationaler und internationaler empirischer Studien zusammen:

Studienergebnisse zu negativen Auswirkungen

»Diese negativen Effekte äußern sich bei Jungen in verringerten Lese- und sozialen Fähigkeiten. Zudem werden ausschließlich Jungen bei nicht-geschlechtskonformen Verhalten aus dem sozialen Umfeld heraus bestraft.

---

6 Vor allem Kinder und Jugendliche, die nicht einfach männlich oder weiblich sind, werden in einer zweigeschlechtlich strukturierten Gesellschaft mit außerordentlichen Herausforderungen konfrontiert. Mit der Überschreitung der Geschlechtergrenzen und der damit einhergehenden Irritation sozialer Normen müssen nicht nur die Kinder und Jugendlichen, sondern auch ihre Eltern und pädagogische Fachkräfte einen Umgang finden. Informationen und Unterstützungsangebote finden Sie u. a. unter: https://www.meingeschlecht.de

7 Wie wir die Entfaltungsmöglichkeiten fördern können

Bei Mädchen äußern sich die negativen Effekte der Ungleichbehandlung in einer verringerten Ausbildung der räumlichen und mathematisch-technischen Fähigkeiten. Zusätzlich findet insbesondere bei Mädchen eine früh einsetzende Vorurteilsbildung gegenüber dem eigenen Geschlecht statt, so dass Mädchen weniger Interesse und Selbstvertrauen in genannten Bereichen entwickeln als Jungen« (Heisig 2019, S. 15).

Wenn Kinder und Jugendliche in einigen Bereichen weniger und in anderen mehr gefördert werden, weil beispielsweise Sprachen als weiblich und Technik als männlich gilt, können sie in den entsprechenden Bildungsbereichen weniger Fähigkeiten entwickeln (vgl. Focks 2016, S. 10).

Wenn Kinder und Jugendliche ihre Verletzlichkeit und Schwäche nicht zeigen, um dem vorherrschenden Konstrukt vom »starken Jungen bzw. Mann« zu genügen, besteht die Gefahr, dass sie nicht lernen diese Gefühle zu regulieren (▸ Kap. 8).

Wenn Kinder ihr Bedürfnis nach Bewegung oder ihre Wut nicht zeigen, weil es der Vorstellung vom »ruhigen und sozialen Mädchen« nicht entspricht, lernen sie nicht mit diesen Bedürfnissen und Gefühlen umzugehen. Solche und ähnliche geschlechtstypische soziale Praktiken versprechen Anerkennung von anderen (vor allem von Gleichaltrigen) und werden ungewollt vielfach von Eltern und pädagogischen Fachkräften gefördert (vgl. ebd.).

Dagegen hat es positive Auswirkungen auf die kognitive und sozial-emotionale Entwicklung von Kindern, wenn sie jenseits von Geschlechterstereotypen, in ihren individuellen Interessen und Fähigkeiten gefördert werden. Aktuelle nationale und internationale empirische Studien zeigen dies sehr deutlich (vgl. dazu u.a. die Zusammenfassung von verschiedenen Studien von Heisig 2019, S. 12).

Ziel einer geschlechterreflektierten Erziehung und Bildung ist es daher, Kinder – jenseits von herrschenden Vorstellungen vom »richtigen Mädchen« und »richtigen Jungen« – mit ihren individuellen Interessen und Fähigkeiten zu fördern. Es geht darum, Kinder und Jugendliche unabhängig von Geschlechterstereotypen bei der Ausgestaltung ihrer individuellen Geschlechtsidentitäten

7 Wie wir die Entfaltungsmöglichkeiten fördern können

zu unterstützen und ihre Entfaltungsmöglichkeiten zu fördern (vgl. Focks 2016, S. 12). Dazu gehört auch eine kritische Auseinandersetzung mit den jeweils vorfindlichen Geschlechterverhältnissen und die Ermöglichung von Erfahrungen, die in den geschlechtstypischen Lebenswelten vernachlässigt werden.

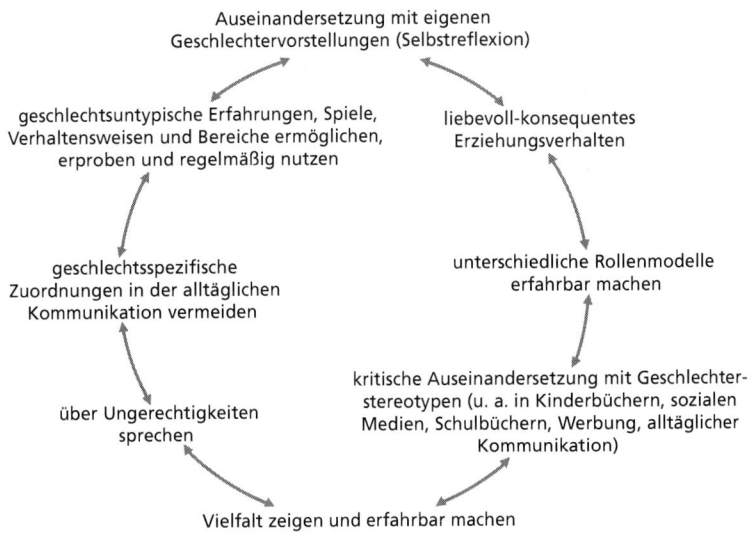

Abb. 4: Entfaltungsmöglichkeiten fördern – jenseits von (Geschlechter-)Stereotypen (geschlechterreflektierte Sozialisation – eigene Darstellung)

Wie eine solche geschlechterreflektierte Erziehung von Eltern gestaltet werden kann, wurde bisher noch wenig systematisch thematisiert. Während in der Kinder- und Jugendarbeit und inzwischen auch für die Kita vielfältige Konzepte vorliegen, gibt es zu Fragen einer geschlechterreflektierten Erziehung und Bildung in der Familie noch wenig Fachliteratur. Auch Studien zu gesellschaftlichen Leitbildern und Verhalten von Eltern zum Thema gibt es wenige. Da sich die Lebenswelten von Kindern je nach Milieuzugehörigkeit, Bildungshintergrund und vielen anderen lebensweltlichen Aspekten unterscheiden, gibt es keine einfachen Rezepte. Einige Anregungen für eine geschlechterreflektierte Erziehung und Bildung können jedoch für Eltern hilfreich sein (▶ Abb. 4).

7.1 Wahlmöglichkeiten statt starrer Geschlechterordnung

Vor allem durch die Arbeitsteilung der Geschlechter erfahren Kinder, dass Geschlecht ein Prinzip ist, dass die Gesellschaft ordnet (wer welche Arbeiten verrichtet und welche dabei wie bewertet werden). Für eine geschlechterreflektierte Erziehung ist es daher zu Beginn wichtig, folgende Fragen zu überlegen:

- Wer übernimmt welche Aufgaben?
- Wo haben sich ungewollt geschlechtstypische Arbeitsteilungen verselbstständigt?
- Was soll so bleiben, was will ich/wollen wir ändern?

Selbstreflexion ist immer der erste Schritt und geht weit über Fragen der Aufgabenverteilung hinaus.

Auseinandersetzung mit den eigenen Geschlechtervorstellungen – Selbstreflektion

Damit wir uns in der Erziehung und Bildung von Kindern nicht ungewollt von vorherrschenden Normen zum Geschlecht leiten lassen, ist es notwendig, sich bewusst mit diesen zu beschäftigen und sich auch mit sich selbst und den eigenen Vorstellungen und der eigenen Erziehung auseinanderzusetzen, z. B.:

- Welche Vor- bzw. Nachteile hatte bzw. habe ich aufgrund meiner Geschlechtszugehörigkeit?

7 Wie wir die Entfaltungsmöglichkeiten fördern können

- Wann und wie verhalte ich mich geschlechtstypisch?
- Wann betrachte ich mein Kind besonders als »Mädchen« oder als »Junge«?
- Wann und wie beeinflusst dies mein Erziehungsverhalten?
- Hatte Geschlecht Auswirkungen auf meine Bildungsbiographie?
- Fördere ich Kinder unbewusst in den Bildungsbereichen geschlechtstypisch?
- Nehme ich auch wahr, wenn Kinder den Vorgaben für ihr Geschlecht nicht entsprechen?

Manche scheinbar männliche oder weibliche Eigenschaft ist eher eine Frage des Temperaments als des Geschlechts. Es geht darum eigene offene oder verdeckte Geschlechtervorstellungen zu hinterfragen.

Nicht die Familienform oder das Familienmodell zählt, sondern der Umgang miteinander

Zum System eines Kindes gehören neben den engen Familienbeziehungen, wie Eltern und Geschwister, und weiteren Familienmitgliedern, wie u. a. Großeltern, Tanten und Onkel, auch Kita und Schule, die eigenen Freundschaften sowie die umgebende Kultur. Es gibt dabei keine richtige Familienform (Eltern können gemeinsam oder getrennt erziehen, Ein-Eltern- oder Patchworkfamilie, Adoptiv- oder Pflegefamilie sein etc.) und keine richtige Lebensweise (heterosexuell, homosexuell, bisexuell sein etc.) und auch kein richtiges Familienmodell (Vollzeitberufstätige, Ernährer_innenmodell, Vollzeit-/Teilzeitmodell etc.). Entscheidend für die Entwicklung von Kindern sind weder Familienform noch Familienmodell noch sexuelle Orientierung oder die Geschlechtsidentitäten der Eltern. Zahlreiche Studien zeigen, dass es für Kinder wichtiger ist, anerkannt und akzeptiert zu werden (vgl. u. a. Rupp 2009; TransPulseStudie 2009/2010; Focks 2014). Daneben sind die Kommunikation innerhalb des Familiensystems entscheidend, der Umgang der Eltern miteinander (vgl. Perry 2020, S. 43f.) sowie die Wahlfreiheit für ein Familienmodell (Stamm 2020, S. 234).

Liebevoll-konsequentes Erziehungsverhalten statt (Zwei-) Geschlechterordnung

Leitbilder zum Mädchen- und Jungesein bieten Kindern zwar Orientierung und Sicherheit, behindern jedoch die Entfaltungsmöglichkeiten und die kognitive, soziale und emotionale Entwicklung von Kindern maßgeblich. Daher sollten wir Kindern und Jugendlichen Orientierung und Sicherheit nicht durch normative Vorgaben zum Geschlecht geben, sondern durch ein liebevoll-konsequentes Erziehungsverhalten und indem wir sie akzeptieren, wie sie sind.

»Zahlreiche Befunde legen nahe, dass liebevoll-konsequentes (›autoritatives‹) Erziehungsverhalten für weite Bereiche der Entwicklung von Kindern und Jugendlichen eine wesentliche Ressource liefert. Kinder, die viel elterliche Wärme und Zuwendung erfahren, gleichzeitig aber auch mit klaren Vereinbarungen und Regeln aufwachsen, deren Einhaltung die Eltern einfordern, entwickeln sich positiver: nicht nur im sozialen und emotionalen Bereich, auch in der Schule zeigen sie bessere Leistungen« (Walper 2012, S. 12).

Unterschiedliche Modelle/Rollenvorbilder ermöglichen

Praxistipp
Suchen Sie in Ihrem Leben und dem Ihrer Kinder nach Modellen bzw. Rollenvorbildern für unterschiedliche Aufgaben- und Arbeitsteilungen in Familie und Beruf. Gibt es im Freundeskreis oder in der Verwandtschaft auch geschlechtsuntypische Aufgabenverteilungen. Es ist hilfreich, wenn Kinder erleben, dass Väter* und/oder Mütter* die Hauptverantwortung für Kinder und Haushalt übernehmen können oder sie sich teilen. Vermitteln Sie, dass Hausarbeit und Reparaturarbeiten Freude bereiten, be-

> ziehen Sie die Kinder von Anfang an ein, indem Sie beispielsweise gemeinsam kochen oder das Fahrrad reparieren. Vermitteln Sie Kindern, dass alle einen Beitrag im Zusammenleben leisten und lassen Sie Kinder Aufgaben auswählen, die sie im Haushalt übernehmen möchten. Je älter die Kinder sind, umso größer sollte der Beitrag sein.

Auch ist es wichtig, dass Kinder erleben, dass Berufe kein Geschlecht haben sollten, sondern nach Interesse und Fähigkeiten ausgeübt werden. Wichtig ist es hierbei auch, dass Kinder erfahren, dass Fürsorgearbeit Freude bereitet und wertvoll ist. Je mehr Kinder erleben, dass sich alle in der Familie um Ältere, Schwächere oder Kranke kümmern, desto selbstverständlicher wird es für sie. Altersadäquat können Kinder hier auch einbezogen werden. Dies fördert die Entwicklung sozialer Verantwortung und auch das Gefühl von Selbstwirksamkeit. Es ist hilfreich, wenn Kinder nicht nur geschlechtstypisches Verhalten erleben, sondern beispielsweise auch Väter, die alltäglich kochen, und Mütter, die im Haushalt Reparaturen verrichten, Großväter oder Onkel, die sich um pflegebedürftige Angehörige kümmern, oder eine Freundin der Eltern, die KFZ-Mechatronikerin ist oder in einer Leitungsposition (▶ Abb. 4).

7.2 Vielfalt statt Geschlechterstereotype

Eine historische bzw. evolutionäre Perspektive oder auch ein Blick in verschiedene Kulturen und Gesellschaften zeigt, dass die jeweiligen Vorstellungen und Leitbilder von Männlichkeit und Weiblichkeit sehr wandelbar sind und sich aufgrund gesellschaftlicher Transformationsprozesse gerade zurzeit sehr schnell verändern. Die jeweiligen Vorstellungen vom »richtigen Mädchen« oder »richtigen Jungen« sind also vielfach Produkt einer spezifischen Art von

7.2 Vielfalt statt Geschlechterstereotype

Denken und Handeln. Auch die Studien zu den herrschenden Elternleitbildern im Gegensatz zu den konkreten Lebensweisen von Eltern zeigen, dass Leitbilder die Realität nicht abbilden (▶ Kap. 4.1). Damit die Vielfalt kindlicher Seinsweisen nicht eingeschränkt wird durch die jeweils vorfindbaren Vorstellungen vom »typischen Jungen« und »typischen Mädchen«, ist es sinnvoll, sich mit Geschlechterstereotypen auseinanderzusetzen.

Kritische Auseinandersetzung mit Stereotypen

Kinder und Jugendliche werden in ihrem Alltag unausweichlich mit Geschlechterstereotypen konfrontiert. Daher können wir sie nicht immer vermeiden. Dem Alter des Kindes entsprechend können diese aber mit dem Kind besprochen werden (▶ Abb. 4).

> **Praxistipp**
> Ein Anlass zur Auseinandersetzung mit Stereotypen kann es sein, wenn das Kind Fragen dazu stellt oder wenn beispielsweise in einem Bilderbuch oder auf einem Werbeplakat Stereotype auftauchen oder wenn Lebensbereiche unsinnig gegendert sind (wie z. B. beim Gendermarketing, also wenn die Warenangebote auf zwei Geschlechter ausgerichtet sind). Eine weitere Möglichkeit besteht darin, die eigene Geschichte oder die der Großeltern zu nutzen, um zu veranschaulichen, was sich verändert hat. Altersadäquat heißt hier auch, nicht zu viel und vor allem unaufgefordert zu reden, sondern je jünger die Kinder sind, desto mehr Situationen und Anlässe für Gespräche zu nutzen (Fragen der Kinder, Alltagssituationen, in denen Stereotype sichtbar werden …). Wenn Kinder von anderen Spielzeug oder Kleidung geschenkt bekommen, die Stereotype transportieren, nutzen Sie dies als Gelegenheit, mit den Kindern über Geschlechterbilder zu sprechen. Holen Sie Familienmitglieder und andere Eltern mit ins Boot. Vielleicht haben sie sich auch schon Gedanken gemacht.

> Grenzen auszuloten gehört zur Jugendphase. Auch wenn es nicht konfliktfrei ist, scheuen Sie nicht die Auseinandersetzung zu Stereotypen und Diskriminierungen, die z.B. in Musiktexten oder in digitalen Medien sichtbar werden. Vermeiden Sie dabei Be- und Abwertungen Ihres Kindes, sondern fragen Sie nach, was Ihrem Kind daran gefällt oder was es daran reizt, diskutieren Sie und setzen Sie Grenzen.

Auf klischeefreie Medien achten

Da Kinder vielfach unbemerkt Informationen zum Geschlecht aus ihrer Umwelt herausfiltern, ist es notwendig, bei Büchern[7], Spielwaren, Kleidung und anderen Medien auf eine stereotypfreie Darstellung zu achten. Vor allem Kinder-, aber auch Jugendbücher sind vielfach einseitig; die Personen sind *weiß*, heißen Lena und Linus, haben viele Spielsachen, eigene Kinder- bzw. Jugendzimmer, die Mütter sind häufig zu Hause und kümmern sich um den Haushalt. Die Männer gehen arbeiten und die Eltern sind heterosexuell und cisgeschlechtlich.

Zu Beginn ist daher eine Bestandsaufnahme sinnvoll:

- Was ist an Spielmaterialien vorhanden?
- Welche Stereotype werden in den Kinderbüchern und anderen Medien bedient?
- Werden durch die Dekoration des Kinderzimmers oder die Kleidung Stereotype reproduziert?
- Was lässt sich leicht auswechseln, was kann thematisiert werden mit dem Kind?

---

7 Empfehlenswerte Bücher für eine vorurteilsbewusste und inklusive Bildung und Erziehung finden Sie bei der Fachstelle KINDERWELTEN: www.kinderwelten.net bzw. https://situationsansatz.de/fachstelle-kinderwelten. Hier wurden für die unterschiedlichen Altersgruppen Bücherlisten zusammengestellt (aktuelle Bücherliste 2020).

7.2 Vielfalt statt Geschlechterstereotype

> **Praxistipp**
> Vor allem in Kinderbüchern ist es möglich, selbst kreativ zu werden und selbst Geschichten zu erfinden oder aber das Geschlecht in den Geschichten mal auszutauschen. Wichtig ist jedoch, darauf zu achten, dass es nicht um einen Rollentausch geht und nicht um neue geschlechtstypische Erwartungen, sondern um ein Mehr an Vielfalt und Möglichkeiten.

Mit Ungerechtigkeiten auseinandersetzen und Vielfalt zeigen

> **Praxistipp**
> Wählen Sie Bücher und andere Medien aus, in denen sich auch die Vielfalt der Lebenswelten von Kindern und Jugendlichen wiederfinden, z. B.:

- Kinder mit unterschiedlichem Aussehen,
- auch Jugendliche mit Migrationshintergrund,
- auch Kinder mit Fluchterfahrung,
- Kinder, die sich nicht gleich einem Geschlecht zuordnen lassen,
- unterschiedliche Familienformen und Aufgabenteilungen der Geschlechter,
- auch Menschen mit geschlechtsuntypischen Berufen,
- Kinder mit und ohne Beeinträchtigungen,
- Familien, die in Armut leben oder aber privilegiert sind.

Nutzen Sie Bücher und andere Medien, die dazu anregen, sich kritisch mit Vorurteilen und Ungerechtigkeiten auseinanderzusetzen und die Beispiele enthalten, die Mut machen (wie z. B. das Kind, dass geärgert wird, weil es sich nicht wie ein »richtiges Mädchen« verhält oder weil es anders aussieht, und über Kinder, die ihren eigenen Weg gehen oder sich gegen Unge-

> rechtigkeit wehren). Regen Sie Kinder und Jugendliche an, darüber zu sprechen was ungerecht und was gerecht ist.

Vielfach wachsen Kinder und Jugendliche in einem bestimmten Milieu auf und auch in Kita und Schule sind leider vielfach Kinder, die in ähnlichen Lebenswelten aufwachsen. Für die kindliche und für die gesellschaftliche Entwicklung ist es jedoch wichtig, dass Kinder von Anfang an auch Kinder und Jugendliche kennenlernen, die z. B. aus anderen Milieus kommen, Kinder mit und ohne Beeinträchtigungen, Familien, die People of Color sind, die einen unterschiedlichen Bildungshintergrund haben. Dies ist auch für die gesellschaftliche Solidarität und den Zusammenhalt der Gesellschaft notwendig.

Stereotypisierende Zuordnungen in der Kommunikation mit Kindern meiden

Stereotype und Verhaltenstypisierungen erleichtern uns den Alltag, indem wir nicht jede Situation neu interpretieren und eine geeignete Reaktion dafür finden müssen. Indem wir Menschen zuordnen, meinen wir zu wissen, wie wir mit ihnen umgehen müssen. Dies erleichtert zwar die Zu- und Einordnung, führt jedoch leicht zu Vorurteilen und schränkt die Entfaltungsmöglichkeiten von Kindern und Jugendlichen ein.

> **Praxistipp**
> Betrachten Sie Kinder und Jugendliche in ihrer Individualität und nicht als Repräsentant_innen ihres Geschlechts bzw. ihrer sozialen Gruppe. Vermeiden Sie stereotypisierende Aussagen und Kommentare. Beziehen Sie sich auf die konkrete Situation und die konkreten Verhaltensweisen. Betrachten Sie Ihr Kind und auch andere Kinder und Jugendliche als Individuum und nicht als Vertreter_innen eines Geschlechts. Vermeiden Sie

7.3 Förderung von vernachlässigten geschlechtsuntypischen Erfahrungswelten

Weiblichkeits- und Männlichkeitskonstrukte, statt »Ich brauche mal zwei starke Jungens« besser: »Wer kann mir helfen ...?« und statt » Vanessa, kannst du Oma helfen, sich anzuziehen?« besser »Tim und Vanessa, könnt ihr Oma helfen ...?«.
Unterscheiden Sie auch bei Komplimenten nicht nach dem Geschlecht des Kindes. Denn klischeehafte Komplimente, wie z. B. bei Jungen* zur körperlichen Kraft und bei Mädchen* zum Aussehen, können Stereotype verstärken und Entfaltungsmöglichkeiten einschränken.
Vermeiden Sie Einordnungen wie »normal« und Verallgemeinerungen über »die Mädchen« oder »die Jungen«, statt »die Jungen sind immer so unordentlich« besser »Karim, Lennard, räumt jetzt bitte die Küche wieder auf«.

7.3 Seiten fördern, die in geschlechtstypischen Erfahrungswelten vernachlässigt werden

Im konkreten Alltagshandeln orientieren wir uns als Eltern und pädagogische Fachkräfte vielfach an tradierten Geschlechtervorstellungen, auch wenn wir Kinder gleich und vor allem individuell behandeln wollen. Denn diese haben meist auch unser Aufwachsen geprägt. Wenn wir uns nicht bewusst damit auseinandersetzen, werden uns wahrscheinlich Erziehungs- und Bildungsvorstellungen leiten, die typisch sind für die jeweilige Zeit und Kultur sowie das soziale Milieu, in dem wir leben. Da die Kultur der Zweigeschlechtlichkeit auch die Erfahrungswelten von Kindern von Geburt an beeinflusst und eher geschlechtstypische Seiten fördert, ist es notwendig hier aktiv und bewusst einen Ausgleich zu schaffen (▶ Abb. 4).

Geschlechtsuntypische Spiele und Verhaltensweisen ermöglichen

Fallbeispiel Linh
Linh (5 Jahre) hat zum Geburtstag von ihrem Opa einen Technikbaukasten geschenkt bekommen. Nach einigen Tagen fragt Linhs Mutter nach, ob sie denn gar nicht mit dem Baukasten spielen wolle. Linh schaut sich alles etwas lustlos an und beschäftigt sich dann wieder mit ihren anderen Spielsachen.

Damit Kinder erfahren, was ihren Bedürfnissen, Interessen und Fähigkeiten entspricht, ist es notwendig verschiedenste Bereiche kennenzulernen und auszuprobieren. Im Alltag treffen Kinder fast ausschließlich auf geschlechtstypische Erfahrungswelten. Bieten Sie Kindern daher als Ausgleich auch die Möglichkeit, geschlechtsuntypische Spiele, Verhaltensweisen und Bildungsinhalte kennenzulernen und zu erproben (vgl. auch Focks 2016, S. 48f.). Dabei geht es nicht um Rollentausch, sondern darum möglichst viele Bereiche auszuprobieren, um zu erfahren, was dem jeweiligen Kind entspricht.

Auch wenn Linh aus dem Beispiel den Baukasten zuerst ablehnt, ist es wichtig, einige Zeit gemeinsam zu spielen. Denn in dieser Entwicklungsphase, ist für viele Kinder ein geschlechtsangemessenes Verhalten sehr wichtig, da sie ihre Geschlechtsidentitäten noch nicht sicher verfügbar haben. Und viele Kinder haben in diesem Alter bereits erfahren, welche Spiele für ihr Geschlecht als angemessen gelten. Daher reicht es nicht aus, wie im Beispiel, nur einmal nachzufragen.

Fallbeispiel Linh
Es wäre gut, wenn Linh und ihre Mutter zusammen wiederholt mit dem Technikbaukasten spielen. Ähnlich wie bei der Ernährung geht es darum, für Ausgewogenheit zu sorgen und die Kinder erst probieren zu lassen, damit sie entscheiden können, ob es ihnen »schmeckt«. Erziehungsaufgabe ist es hier, Kindern (wie bei einem kalten Büffet) verschiedene Möglichkeiten anzu-

7.3 Förderung von vernachlässigten geschlechtsuntypischen Erfahrungswelten

bieten, sie probieren zu lassen, damit sie erfahren können, was ihnen gefällt und gut tut.

Fördern Sie Kinder auch bei verschiedensten Bewegungsspielen und körperlichen Ausdrucksformen wie Toben, Klettern, Tanzen – Kinder haben ganz unabhängig von ihrem Geschlecht einen großen Bewegungsdrang. Das ist typisch für alle Kinder. Ermöglichen Sie Kindern – unabhängig vom Geschlecht – die Erfahrung von Aktion und Bewegung einerseits und von Entspannung und Körperwahrnehmung in Ruhe andererseits. Fördern Sie bei Kindern und auch bei Jugendlichen den achtsamen Umgang mit dem eigenen Körper und mit den eigenen Gefühlen.

8

Umgang mit Gefühlen und Selbstregulation

Im Laufe ihrer Geschlechtsidentitätsentwicklung setzen sich Kinder und Jugendliche nicht nur mit einem bestimmten Repertoire an Verhaltensweisen, Bewältigungsstrategien und Körperpraxen auseinander, sondern auch mit einem Bündel an Ausdrucksformen von Gefühlen. Ein Teil des menschlichen Gefühlsspektrums gilt dabei als weiblich, ein anderer Teil an möglichen Gefühlsweisen als männlich. Kinder lernen im Laufe ihrer Entwicklung schon früh – über Modellernen, Geschlechterstereotype, über positive bzw. negative Bestätigung –, dass manche ihrer Gefühle mehr gesehen, anerkannt und positiv bewertet werden und andere teilweise sogar als unerwünscht gelten. Für das Gefühl von Lebendigkeit und

8.1 Säuglings- und Kindesalter: lernen, Gefühle einzuordnen

die psychische Gesundheit ist es jedoch notwendig, die eigenen Gefühle wahr- und ernst zu nehmen, sie ausdrücken und regulieren zu können. Und nur, wer seine eigenen Gefühle weder verdrängt noch von ihnen überwältigt wird, kann auch jene von anderen wahrnehmen. Auch für den Umgang mit Konflikten sind die zugrundeliegenden Gefühle entscheidend. Wie wir, jenseits von Geschlechtersterotypen, sensibel auf die Gefühle von Säuglingen, Kindern und Jugendlichen reagieren können und sie unterstützen können, all ihre Gefühle zuzulassen und selbst zu regulieren, wird in diesem Kapitel erläutert.

8.1 Säuglings- und Kindesalter: lernen, Gefühle einzuordnen

Wenn ein Baby sich freut, ist es ganz Freude. Auch hat es kein Gefühl von Wut, sondern es ist Wut, ganz und gar. Babys sind reines Gefühl. Säuglinge und auch junge Kinder können ihre Emotionen noch nicht steuern, sich nicht selbst beruhigen oder trösten. Daher ist es eine wichtige Aufgabe, Kleinkinder darin zu unterstützen, ihre Gefühle wahrzunehmen und auszudrücken. Dazu ist es unerlässlich, dass Eltern und pädagogische Fachkräfte die Gefühle des Kindes als solche sehen und ernst nehmen. Eltern übernehmen hier quasi eine Übersetzerfunktion und können gerade junge Kinder durch Regulationshilfen unterstützen, ihre Gefühle zu verstehen und Gefühle zu haben, statt von Gefühlen »überwältigt« zu sein.

Beruhigen

> **Fallbeispiel Samuel**
> Samuel (6 Monate) schreit, sein Vater nimmt ihn auf den Arm, streichelt ihn und geht mit ihm hin und her. Er wiegt ihn und summt eine Melodie, damit er sich beruhigen kann.

Der Vater* hört im Schreien den Appell (»Unterstütze mich!«) und beantwortet diesen, indem er Samuel streichelt, hin- und herträgt und eine Melodie summt (er unterstützt Samuel, sich bzw. die eigenen Gefühle zu regulieren). Die Fähigkeit, eigene Gefühle wahrzunehmen, einzuordnen, zu regulieren und zu benennen, entwickeln Kinder erst im Rahmen eines mehrjährigen Entwicklungsprozesses. Um die Bandbreite des menschlichen Gefühlsspektrums ausdrücken und auch regulieren zu können, brauchen Kinder Eltern und andere Erwachsene, die sich einfühlen und das Kind unterstützen. Wenn Sie sensibel auf die jeweiligen Gefühle des Kindes reagieren, fühlt es sich angenommen, und lernt, dass die eigenen Gefühle »richtig« sind, und es lernt, den eigenen Gefühlen zu vertrauen.

Bereits im Alter von 10 bis 12 Monaten können manche Kinder sehr deutlich zeigen, dass sie traurig, wütend oder ängstlich sind. Das Kind zeigt, dass es gelernt hat, ein Gefühl gezielt auszudrücken, und es erwartet auch eine Reaktion auf den Gefühlsausdruck (vgl. Gutknecht 2019, S. 8ff.). In diesem Alter sind Kinder noch leichter zu begleiten als im Alter von 18 bis 24 Monaten, wenn sich das Ich-Bewusstsein langsam festigt (ebd.).

Im Rahmen dieser sogenannten Autonomiephase (bis ca. vier Jahre) lernen Kinder, zwischen sich und anderen zu unterscheiden und damit auch zwischen den eigenen und den Bedürfnissen von anderen, und können ihre Wünsche auch äußern. In der frühen Autonomiephase (ca. zwei Jahre) werden Kleinkinder teilweise quasi »überwältigt« von ihren Gefühlen. Nicht selten geraten sie dann völlig »außer sich«. Es fehlt ihnen noch an kognitiven Fähigkeiten, wie z.B. ein Zeitverständnis, das ihnen beim Bedürfnisaufschub helfen könnte (vgl. ebd.). In dieser Phase benötigen Kinder besonders Unterstützung von Erwachsenen, um ihre Gefühle einordnen und zunehmend regulieren zu können.

Folgende Regulationshilfen sind möglich:

- Situationen erläutern,
- Gefühle in Worte fassen,

- Halt und Ruhe geben durch Körperkontakt,
- wenige und klare Regeln,
- wenn das Kind gerade von Gefühlen überwältigt, »außer sich« ist: Nutzen Sie den Zugang über den Körperkontakt, damit es sich wieder spürt, sprechen Sie in kurzen sich wiederholenden Sätzen, wichtig sind auch Stimme und Körpersprache (Energie).

Wenn Eltern die Gefühle des Kindes anerkennen, sie in Worte fassen und das Kind, wenn nötig, beruhigen, kann es diese Beruhigung verinnerlichen und ist später zunehmend in der Lage, sich selbst zu beruhigen (vgl. Perry 2020, S. 72).

8.2 Gefühle haben (k)ein Geschlecht

Geschlechterstereotype sind überall gegenwärtig und heteronomative Vorstellungen sind eingeschrieben in unsere Gesellschaftsstruktur. Da wir als Eltern auch in dieser Kultur aufgewachsen sind und leben, ist es gar nicht so einfach, Kinder – unabhängig von ihrem Geschlecht – darin zu unterstützen, das gesamte Spektrum menschlicher Gefühle wahrzunehmen und anzuerkennen.

Doing gender

Fallbeispiel Dustin
Beim Spaziergang stolpert Dustin (6 Jahre) und schürft sich das Knie auf. Trotz der Schmerzen weint er nicht und erst nach dem Spaziergang sieht sein Großvater seine Schürfwunde. Er lobt Dustin für seine Tapferkeit.

In diesem Alter haben Kinder meist bereits gelernt, welche Gefühlsweisen für welches Geschlecht als angemessen gelten und zeigen gerade in diesem Alter vielfach ein sehr geschlechtstypisches

8 Umgang mit Gefühlen und Selbstregulation

Verhalten (doing gender, ▶ Kap. 6.4). Kinder lernen über die Reaktionen von Erwachsenen und von anderen Kindern, dass bestimmte ihrer Gefühle gesehen und anerkannt (»gespiegelt«) werden und andere nicht. Gefühle, die nicht gehört werden, denen kein Raum gegeben wird, verschwinden jedoch nicht (vgl. auch Focks 2016, S. 137). Sie drücken sich dann teilweise in als weiblich bzw. als männlich anerkannten Formen aus (so verbirgt sich vielfach Aggression im Lästern über andere oder teilweise Traurigkeit in der nach außen gezeigten Wut). Wenn ein Kind nicht gesehen und getröstet wird, sich z. B. allein in den Schlaf weint, mit Wut oder Schmerz alleingelassen wird, wird sich auch die Fähigkeit, sich selbst zu beruhigen und unangenehme und schmerzhafte Emotionen zu tolerieren, kaum entwickeln (vgl. auch Perry 2020, S. 66).

Dustin aus dem Beispiel verdrängt seinen Schmerz und wird dafür als tapfer gelobt. Verinnerlichte Geschlechterstereotype und eigene Erfahrungen können dazu führen, dass manche Erwachsene je nach Geschlecht des Kindes bestimmte Gefühle des Kindes ignorieren und bei anderen Gefühlen sehr intensiv mitfühlen. So werden Gefühle wie Traurigkeit und Angst eher mit Schwäche und Weiblichkeit assoziiert und Wut und Zorn eher mit Stärke und Männlichkeit. Alle Gefühle sind jedoch wichtig, um sich lebendig zu fühlen und sich psychisch gesund zu entwickeln. Wenn die Gefühle eines Kindes nicht gesehen werden oder aber wenn überreagiert wird, lernen Kinder nicht, ihre Gefühle ernst zu nehmen und diese einzuordnen. Dabei ist der Gefühlsausdruck weniger eine Frage des Geschlechts als des Temperaments und der Persönlichkeit eines Kindes. Ein Kind braucht – unabhängig vom Geschlecht – Eltern, die die Gefühle sehen, anerkennen und, je jünger das Kind ist, auch benennen. Es braucht Eltern, die akzeptieren, was ihr Kind fühlt, ohne Bewertung und ohne diese Gefühle zu verdrängen oder von ihnen überwältigt zu werden.

8.2 Gefühle haben (k)ein Geschlecht

Wut

> **Fallbeispiel Selma**
> Selma (3 Jahre) spielt auf dem Teppich mit den Autos. Ihre Mutter, will sie abends ins Bett bringen. Selma will aber jetzt nicht ins Bett gehen und schreit, wirft sich auf den Boden und trommelt mit den Fäusten.

Kleinkinder müssen noch lernen, ihre Gefühle und Bedürfnisse als solche wahrzunehmen und zu benennen. Unterstützen und ermutigen Sie ihre Kinder darin, ihre Gefühle auszudrücken. Sie übernehmen dabei sozusagen die Übersetzerfunktion für die jüngeren Kinder. Es ist die Aufgabe von Eltern und pädagogischen Fachkräften, sie dabei zu unterstützen. Kinder brauchen Worte für ihre Gefühle, es hilft ihnen, die Gefühle und die Situation einzuordnen.

> **Fallbeispiel Selma**
> Selmas Mutter könnte sagen: »Ich sehe, dass du dich sehr wütend fühlst. Du willst weiterspielen.«

Sie benennt für Selma die Wut, spiegelt ihre Bedürfnisse und gibt ihr das Gefühl, »gesehen« zu werden. Sie zeigt ihr, dass ihre Gefühle in Ordnung sind. Selbstverständlich sind auch Mädchen* aggressiv und Jungen* auch traurig. Eltern und pädagogische Fachkräfte können Kinder dabei unterstützen, die gesamte Bandbreite der eigenen Gefühle wahrzunehmen, indem sie auch Jungen* fördern, Gefühle von Traurigkeit und Schmerz, und Mädchen*, auch Gefühle von Wut zuzulassen (d. h. auch als geschlechtsuntypisch geltende Gefühle zu spiegeln).

> **Fallbeispiel Selma**
> Um Selma zu unterstützen und zu vermeiden, dass sie sich machtlos fühlt, wäre es sinnvoll, sie kurz vor dem Zubettbringen vorzubereiten: »Selma, es ist Zeit, zu Bett zu gehen. Du

kannst jetzt noch spielen, bis ich den Tisch abgeräumt habe, dann geht es ins Bett.«

Um einen Verlust der emotionalen Regulation zu vermeiden, ist es gerade für jüngere Kinder bis zu vier Jahren wichtig, sie auf die kleinen Übergänge des Tages vorzubereiten. Denn viele Kinder reagieren auf die unvorbereiteten Unterbrechungen des Spiels mit Widerstand (vgl. Gutknecht 2019, S. 8). Vorankündigungen oder auch »Vorwarnungen« sind hier hilfreich, um die Gefühlsregulation zu fördern.

Geschlechterunabhängig braucht ein Kind Eltern, die für das Kind da sind und Wut, Schmerz, Freude oder Traurigkeit sehen und nicht etwa ignorieren oder überreagieren, weil sie diese Gefühle unbewusst für unangemessen für Mädchen* oder Jungen* halten.

»Es gehört also dazu, dass Sie die Wut in einem Kind wahrnehmen, verstehen, warum es wütend ist, und das vielleicht für das Kind in Worte fassen, akzeptable Wege zu finden, wie es seine Wut ausdrücken kann, und diese Wut nicht zu bestrafen oder sich von ihr überwältigen zu lassen. Gleiches gilt für andere Emotionen« (Perry 2020, S. 68f.).

Wie wir auf die Gefühle von Kindern reagieren, hat nicht nur mit den jeweiligen gesellschaftlichen Geschlechtervorstellungen und -klischees zu tun, sondern vor allem auch damit, wie wir selbst aufgewachsen sind. Wenn wir unsere eigenen Erfahrungen nicht reflektieren, übertragen wir sie häufig ungewollt auf unsere Kinder. Wenn die eigene Wut nicht sein durfte, weil es für Mädchen* als unangemessen galt oder wenn die eigenen Kleinheitsgefühle oder die eigene Traurigkeit als unmännlich galten und keinen Raum hatten, fällt es uns oft schwer, diese Gefühle bei unseren Kindern zu akzeptieren.

Praxistipp
Wie wurde in Ihrer Kindheit mit Gefühlen umgegangen? Denken Sie daran zurück als Sie ein Kind waren.

8.2 Gefühle haben (k)ein Geschlecht

- Wie war es, wenn Sie wütend, ängstlich, erfreut, aufgeregt oder traurig waren?
- Wie haben Ihre Eltern reagiert? Wie Nachbar_innen, Großeltern oder Geschwister?
- Gab es unterschiedliche Reaktionen auf Wut oder Traurigkeit bei Schwestern oder Brüdern?
- Wie wurde in Ihrer Familie mit Gefühlen umgegangen?
- Hatten alle Gefühle Raum?
- Mit welchen Gefühlen fühlen Sie sich heute wohl, mit welchen weniger?
- Wann nehmen Sie Ihr Kind oder Kinder in der Kita bzw. Schule vor allem als Mädchen* oder Junge* wahr?

Sich mit den eigenen Gefühlen vertraut zu machen, zu differenzieren (bin ich gerade müde, traurig, angespannt oder wütend), und zu üben, mit den eigenen Gefühlen umzugehen (sie weder zu unterdrücken noch sich »überfluten« zu lassen), ist wichtig, um auch die Gefühle des Kindes zu akzeptieren, einzuordnen und nicht zu bewerten.

Wenn Eltern und Fachkräfte in sozialen Professionen bestimmte Gefühle verdrängen oder bei bestimmten Gefühlen überreagieren, hat dies Einfluss darauf, wie Kinder ihre Gefühle auszudrücken und zu regulieren lernen. Einige Kinder haben bereits im Kindergartenalter gelernt, ihre Gefühle stark zu kontrollieren, sind ängstlich und verlagern ihre Gefühle nach innen (vgl. Lohaus, Glüer 2019). Andere Kinder geben einem emotionalen Impuls sehr nach, sie werden z. B. schnell wütend und agieren diese Wut stark aus. Vor allem mit dem Schuleintritt haben viele Kinder das Repertoire an geschlechtstypischen Gefühlsweisen bereits verinnerlicht und viele Erfahrungen im geschlechtstypischen Gefühlsausdruck gesammelt. In diesem Sinne haben Gefühle dann ein Geschlecht, weil viele Kinder hier bereits gelernt haben, welche Gefühle zum weiblichen bzw. zum männlichen Gefühlsrepertoire gehören und wie diese geschlechtstypisch ausgedrückt werden.

8.3 Jugendalter: geschlechtstypischer Habitus und Gefühlsregulation

Neben dem Kleinkindalter ist Gefühlsregulation auch im Jugendalter ein zentrales Thema. Vielfach fordern Jugendliche Eltern und auch sozialprofessionelle Fachkräfte in Schule und Jugendarbeit durch die Impulsivität ihrer Emotionen heraus.

»Vermutlich liegt das daran, dass unsere Frontallappen, in denen ein großer Teil unseres Denkens stattfindet, noch keine schnellen Verbindungen zu anderen Teilen unseres Gehirns hergestellt haben. Gleichzeitig erreicht jedoch unsere Begeisterungsfähigkeit einen einmaligen Höhepunkt« (Perry 2020, S. 267).

Jugendliche scheinen tiefer zu fühlen als jüngere Kinder oder Erwachsene und teilweise überwältigt von ihren Gefühlen zu sein.

Das Jugendalter ist eine zentrale Phase im Rahmen der Geschlechtsidentitätsentwicklung (▶ Kap. 6.4). Jugendliche müssen sich mit den gravierenden körperlichen Veränderungen ebenso wie mit den gesellschaftlichen Strukturen wie der geschlechtstypischen Arbeitsteilung auseinandersetzen (mit denen Jugendliche in Form von Fragen der Berufswahl und der Lebensweise konfrontiert werden). Im Jugendalter wird das bereits in der Kindheit erlernte Repertoire an männlichen bzw. weiblichen Verhaltensweisen, Körperpraxen, Bewältigungsstrategien und Gefühlsweisen erprobt. Im Rahmen ihrer Geschlechtsidentitätsentwicklung wird der entsprechende kultur- und zeittypische Habitus dabei vor allem im Zusammenhang mit Gleichaltrigen in Szene gesetzt (vgl. auch Mannapoly 2012, S. 20). Das Jugendalter ist eine Erprobungsphase. Vor allem in der Peer-Group wird der männliche bzw. der weibliche Habitus[8] manifestiert, verworfen oder modifiziert. Ju-

---

8 Nach Bourdieu (1997/2005) bezeichnet der »Habitus« das gesamte Auftreten einer Person, also z. B. die Kleidung, die Sprache, das Verhalten, den Lebensstil. Bourdieu hat dabei den männlichen Habitus untersucht. In An-

8.3 Jugendalter: geschlechtstypischer Habitus und Gefühlsregulation

gendliche leben häufig ihre Unsicherheiten aus, weil sie nach ihrem Platz in der Gesellschaft suchen und sich fragen, wer sie sind. Diese Unsicherheit und Angst wird vielfach auch geschlechtstypisch unterschiedlich bewältigt. Einige Jugendliche passen sich sehr an oder ziehen sich zurück, andere bewältigen ihre Angst durch Angriff.

Denn nach mehrjährigen Erfahrungen unterscheiden sich auch die Bewältigungsstrategien und die Fähigkeiten zum Ausdruck und zur Kontrolle von Emotionen aufgrund des Geschlechts.

Besonders eindrücklich lässt sich dies am Beispiel des Gefühlsausdrucks von Aggressionen zeigen. Einige Jungen* bzw. männliche Jugendliche können nur schwer differenzieren, ob sie gerade ängstlich, aufgeregt oder traurig sind, sie drücken viele Emotionen über Wut aus, weil Wut in unserer Gesellschaft zum Gefühlsrepertoire von Männlichkeit gehört und als männlich gilt. Zudem verspricht Wut – im Gegensatz zu Angst oder Traurigkeit – Überlegenheit, Selbstwirksamkeit und Macht. In einer Entwicklungsphase, in der sich Jugendliche häufig auch unsicher und schwach fühlen, bietet der männliche Habitus das Versprechen von Kontrolle und Überlegenheit.

»Außer sich« sein

Fallbeispiel Dennis
Nachdem Dennis (14 Jahre) entgegen den Regeln spät nachts nach Hause gekommen ist, eskaliert der Streit und sowohl die Eltern als auch Dennis werden sehr laut. Die Eltern weisen auf

---

lehnung daran spreche ich im Folgenden auch vom weiblichen Habitus. Hierzu gehören soziale Praktiken und Aspekte wie z. B. Anpassungsfähigkeit, Einfühlsamkeit, Kompromissbereitschaft, Streben nach Anerkennung von anderen, Körper- und Bewegungskontrolle. Hierbei besteht die Gefahr der vorweggenommenen Korrektur der eigenen Persönlichkeit und des eigenen Körpers am Maßstab der Erwartungen anderer (vgl. Focks 2016, S. 90).

die nicht eingehaltenen Regeln hin und schreien: »Man kann sich auf dich nicht verlassen, du bist unmöglich und unreif. In der nächsten Woche hast du Hausarrest.« Nach einem langanhaltenden Streit wirft Dennis seine Tasche auf den Boden und schreit: »Ich mache, was ich will. Ihr könnt mir gar nichts sagen. Alle anderen dürfen auch länger raus. Ihr Idioten nervt total, haut ab aus meinem Zimmer.«

Manche Jugendliche geraten außer sich und können die Wut nur schwer selbst regulieren. Sie »stehen quasi neben sich« und sind überwältigt von ihrer Wut. Darunter liegen jedoch manchmal auch Gefühle von Unsicherheit, Angst, Kleinheit, Schwäche und teilweise auch Traurigkeit. Vielfach sind Jugendliche in diesen Momenten Argumenten nicht mehr zugänglich und verhalten sich sehr impulsiv. Auch entwickelt sich bei einigen Jugendlichen die Gefühlsregulation und die Impulskontrolle später als bei anderen. »Genau wie Kleinkinder in der Phase, in der sie ihre Autonomie entwickeln, brauchen Teenager Liebe plus Grenzen sowie eine Große Portion Optimismus, um ihre Emotionen und ihre Impulsivität zu beherrschen« (Perry 2020, S. 268).

Da das Verhalten teilweise sehr herausfordernd ist, kann es bei Jugendlichen weit schwerer sein, Grenzen zu setzen als bei Kindern. Teilweise verhalten sie sich schon sehr verantwortungsbewusst und reif und teilweise schätzen sie Situationen und Risiken falsch ein und überschätzen sich. Wenn Kinder und Jugendliche von ihren Gefühlen überwältigt sind und »außer sich« geraten, brauchen sie Unterstützung bei der Gefühlsregulation. Hier ist es besser, zuerst einmal die Situation aufzulösen, den Raum zu verlassen und das Gespräch auf später zu verschieben, also Probleme nur in Ruhe zu besprechen.

So könnten die Eltern von Dennis zum Beispiel am nächsten Tag in Ruhe beschreiben, was das Problem ist, welche Gefühle hier grundlegend sind, welche Grenzen sie setzen, um dann gemeinsam nach Lösungen zu suchen bzw. Lösungen auszuhandeln. Entscheidend ist es hierbei zum einen, dass die Eltern immer von sich und

8.3 Jugendalter: geschlechtstypischer Habitus und Gefühlsregulation

ihren Gefühlen ausgehen (Ich-Botschaften). Zum anderen ist es wichtig, zwischen Person und Verhalten zu unterscheiden. Die Eltern bewerten nicht die Person, sondern das Verhalten von Dennis (sie machen deutlich, welches Verhalten sie nicht akzeptieren).

Fallbeispiel Dennis
Die Eltern könnten z. B. zu Dennis sagen: »Wir haben uns große Sorgen gemacht gestern, weil du so spät nach Hause gekommen bist. Wir lassen dich heute Abend nicht mehr ausgehen, weil wir erst mal wieder zur Ruhe kommen wollen. Dein Verhalten war nicht in Ordnung, so spät zu kommen und uns dann auch noch zu beschimpfen. Wir müssen klären, warum das passiert ist, um herauszufinden, was wir tun können, dass es nicht wieder geschieht. Denn wir haben auch nicht gut reagiert und dich beschimpft.«

Praxistipp
Meiden Sie »Du-Botschaften«, bewerten Sie nicht »Du bist unreif, man kann sich nicht auf dich verlassen«, sondern benennen Sie das Problem/das problematische Verhalten und die dahinterliegenden Gefühle. Grenzen sind wichtig, aber vermeiden Sie eine strafende Haltung, sondern bleiben Sie bei sich und Ihren Gefühlen (»mir reicht es erst mal mit Sorgen machen«). Suchen Sie gemeinsam nach Lösungen, lassen Sie Ihr Kind Ideen sammeln und Vorschläge machen und üben Sie Aushandlungsprozesse (so könnte es für Partys bei Freund_innen als Ausnahme eine verlängerte Ausgehzeit geben und die Eltern holen das Kind ab).

Fragen Sie ihr Kind, wie es sich gefühlt hat und wann es »außer sich« geriet. Fragen Sie, ob es Ideen hat, was es selbst tun kann, damit die Wut nicht so überwältigend wird. Fragen Sie, was Sie als Eltern dazu beitragen können, damit Ihr Kind nicht überwältigt wird von der Wut.

8 Umgang mit Gefühlen und Selbstregulation

Aggression ist Grundlage für Selbstbehauptung und Voraussetzung, um Belange für sich, andere oder eine Sache durchzusetzen. Dazu ist es jedoch erforderlich sich weder von diesem Gefühl überwältigen zu lassen noch dieses Gefühl zu verleugnen.

Mädchen* und weiblichen Jugendlichen* wird jedoch teilweise wenig Raum gegeben, ihre Wut auszudrücken und es gibt wenig als weiblich anerkannte Ausdrucksformen von Aggressionen (vgl. Focks 2016, S. 137).

Gefühle von Wut verschwinden jedoch nicht, nur weil sie unerwünscht sind oder als unweiblich gelten. Vielmehr können sich diese Gefühle in unterschiedlichen Formen ausdrücken, die zwar als weiblich anerkannt, aber nicht mehr als Wut erkennbar sind, wie z. B.:

- Tränen oder
- über andere zu lästern oder
- andere auszuschließen oder
- Autoaggressionen.

Aggressionen, die wir situationsbezogen als solche nicht wahrnehmen und ausdrücken, können sich möglicherweise anstauen und in Form von Selbstentwertung und selbstschädigenden Verhaltensweisen gegen sich selbst richten (vgl. ebd., S. 91). Die Aggression findet dann nicht mehr ihren Weg von innen nach außen. Essstörungen und selbstverletzendes Verhalten sind Formen von Autoaggression, die vor allem im Jugendalter bei Mädchen* und jungen Frauen* als Bewältigungsstrategien gewählt werden.

Im Jugendalter ist Erziehung kaum mehr möglich. Jugendliche brauchen jedoch weiterhin Verständnis und Unterstützung, ihren Weg in einer Kultur der Zweigeschlechtlichkeit zu finden und mit den Zumutungen von Geschlechterstereotypen und Geschlechtszuweisungen umzugehen. Vielfach können Jugendliche dies noch nicht artikulieren und reagieren mit Frustration, Rückzug oder Ausagieren ihrer Gefühle an anderen (vor allem an den Eltern).

8.3 Jugendalter: geschlechtstypischer Habitus und Gefühlsregulation

Als Eltern und als sozialprofessionelle Fachkräfte ist es wichtig, immer auch die eigenen Bedürfnisse und Gefühle wahrzunehmen und die eigenen Grenzen zu kennen. Denn nur so können wir diese in der Kommunikation benennen und vermeiden, die Kinder und Jugendlichen zu bewerten.

> **Praxistipp**
> Betrachten Sie Konflikte als notwendige Entwicklungsschritte bzw. als Erziehungs- und Bildungsinhalt (und nicht als Störung oder gar als Versagen). Nehmen Sie das jeweilige Verhalten nicht persönlich, denn vieles hat nicht mit Ihrer Person zu tun, sondern mit Ihrer Rolle als Eltern bzw. als professionelle Fachkraft.
> Zu dieser Rolle gehört es auch, dass Sie Grenzen setzen. Achten Sie darauf, wann es Ihnen zu viel wird. Benennen Sie Ihre Gefühle: »Ich habe Angst, wenn du so spät nach Hause kommst ...« oder »Ich fühlte mich wütend, als ...«. Gerade in Phasen, in denen Jugendliche einen sehr geschlechtstypischen Habitus zeigen und Abgrenzungskonflikte die Kommunikation herausfordern, hilft es, die Situation mit Abstand zu betrachten. Sprechen Sie mit anderen Eltern, die diese Phase bereits durchlaufen haben, versuchen Sie die Situation später mit Humor zu betrachten. Selbstzweifel und Versagensgefühle verschärfen die Situation bzw. die Phase eher, schauen Sie mehr auf die positiven Seiten Ihrer Kommunikation. Und teilen Sie Ihrem Kind auch diese Gefühle mit: »Ich habe mich gefreut, als du ...«. Vor allem aber vertrauen Sie ihrem Kind und sich selbst und denken Sie daran, dass es für alle Beteiligten eine Entwicklungsphase ist, auch für Eltern.

Für manche Kinder und Jugendliche sind die Ausgangsbedingungen schwerer als für andere (u. a. chronisch kranke Kinder, Kinder und Jugendliche mit Beeinträchtigungen, Pflegekinder, Kinder und Jugendliche mit Fluchterfahrung), so dass wir hier häufig eher be-

8 Umgang mit Gefühlen und Selbstregulation

hütend und nachgiebig sind. Ein liebevoll-konsequentes Erziehungsverhalten und klare Grenzen sind hier jedoch gleichermaßen notwendig.

9

Körper, Geschlecht und die Macht der digitalen Bilder

Unrealistische Schönheitsideale

Fallbeispiel Samira
Samira (12) schaut in jedes Fenster, an dem sie vorbeikommt,
und jeden Spiegel, um sich zu betrachten. Auch in den Ferien
legt sie das Handy nicht aus der Hand und folgt ihrer Lieblings-
bloggerin, die Tipps zu Ernährung, Fitness, Mode und Aussehen
gibt. Statt mit ihren Eltern und ihrem Bruder schwimmen zu
gehen, posiert sie, macht Selfies und bearbeitet diese. Samira
findet ihre Beine zu kurz, ihre Haut zu dunkel, die Nase zu lang
und die Lücke zwischen ihren Schneidezähnen hässlich. Sie ist

> sehr selbstkritisch in Bezug auf ihren Körper und stetig damit beschäftigt diesen zu »verbessern«, u. a. indem sie Diäten macht. Nach den Ferien bittet sie ihre Mutter, mit ihr zum Kieferorthopäden zu gehen, um die Zahnlücke schließen zu lassen.

In Bezug auf die *Psyche (Geschlechtsidentität)* und das *Verhalten (soziales Geschlecht)* gehen wir davon aus, dass diese beeinflusst sind durch vielfältige Einflüsse, wie z. B. Geschlechterstereotype, Familie, Peer-Group, Kultur und Zeit, in der wir leben. Dagegen wird der *Körper (biologisches Geschlecht)* vielfach als etwas betrachtet, das das »wahre« Geschlecht eines Menschen ausmacht. Der natürliche Geschlechtskörper ist jedoch eine Illusion und eine soziale Konstruktion. Unsere Körper sind nicht einfach etwas naturgegebenes und konstantes, vielmehr werden sie nach den Maßstäben der jeweiligen Zeit und Kultur geprägt. Unsere Körper werden vom Säuglingsalter an durch kulturelle Vorstellungen und soziale Praktiken geformt.

> »Welche Gesten wir beim Reden machen, wie wir gehen, wie unsere Tischsitten aussehen, ob wir Babys gleich nach der Geburt durch Beschneidung, später durch Stammesnarben oder gar nicht kennzeichnen, ob wir dunkle Haut, lange Nasen oder sonstige Merkmale abwerten, ja selbst was in unserer jeweiligen Gesellschaft als Krankheit gilt (etwa zu niedriger Blutdruck zwar in Deutschland, nicht aber in Großbritannien und den USA), das alles ist abhängig, wo und in welcher Zeit wir leben« (Orbach 2021, S. 211).

Wie wir unsere Körper bewerten, formen und mit unserem Körper umgehen, ist nicht nur kultur- und zeittypisch, sondern immer auch geschlechtstypisch. Kinder bewegen sich von Anfang an in einer sozialen Umwelt, die in Bezug auf den Körper subtile oder eben auch deutliche Vorstellungen über den Mädchen*- und Jungen*-Körper hat. Sie bewegen sich unter Menschen, die auch am Geschlecht des Kindes orientierte Erwartungen haben, und

> »[...] Jungen und Mädchen entsprechend der verinnerlichten geschlechtsbezogenen Zuschreibungen (körperlich) herausfordern, begrenzen, ermuti-

gen oder entmutigen. In diesem Sinne werden Kinder im Rahmen ihres Bewegungshandelns mit am Geschlecht orientierten Offerten, Vorbildern, Rückmeldungen etc. konfrontiert und entwickeln (auch) auf dieser Basis einschlägige (Selbst-)Zuschreibungen, Bewegungsinteressen, körperbezogene Interaktionsstile etc.« (Hunger 2014, S. 15f.).

Wenngleich Körper also immer Bewertungen und Formungen ausgesetzt waren und sich Menschen immer auch die jeweiligen geschlechtstypischen Körperpraktiken angeeignet haben, hat sich das Verhältnis zum Körper innerhalb der letzten Generation stark verändert. Zum einen bringt die Globalisierung und Digitalisierung eine uniforme visuelle Kultur mit sich, »[...] einige wenige idealisierte Körpertypen, auf die hinzuarbeiten sich alle aufgefordert fühlen, treten an die Stelle verschiedener Verkörperungsformen in den verschiedenen Ländern« (Orbach 2021, S. 52). Zum anderen macht es allein die Allgegenwart und Quantität der Bilder nahezu unmöglich, sich ihnen zu entziehen. Vor allem für Kinder und Jugendliche bieten diese Bilder über Facebook, Instagram, TikTok und Co. Orientierung. Der Körper ist weniger etwas, in und aus dem wir leben, der wächst, schmerzt oder Freude bereitet, sondern ein zu kontrollierendes und zu formendes Objekt. Vor allem durch die zunehmenden technischen, medizinischen und pharmazeutischen Möglichkeiten nehmen wir unsere Körper nicht mehr als selbstverständlich hin. Vielmehr sehen wir unsere Körper als etwas, das wir individuell formen und optimieren können und vor allem auch sollen. Das Risiko von Körperschemastörungen, von gestörtem Essverhalten oder sogar manifesten Essstörungen wird dadurch verstärkt. Am neuen kulturellen Mandat dieser Optimierung des Körpers anhand von spezifischen idealisierten Körpern verdienen Diätprodukte-, Mode-, Pharma-, Lebensmittelindustrie, Fitnessbranche und auch Schönheitschirurgie.

9.1 Wie der Körper sich entwickelt und geformt wird

Unsere Körperpraktiken (z. B. wie wir gehen, stehen, sitzen, laufen, werfen, unsere Gestik und Mimik) werden in der alltäglichen Interaktion in einem komplexen Zusammenspiel vermittelt und eingeübt. Meist geschieht dies unreflektiert und unbewusst, quasi nebenbei. Die Art, wie Säuglinge gefüttert, getragen, berührt werden, wie wir sie ansprechen und auf ihre Bedürfnisse, Gefühle und Äußerungen reagieren und uns mit ihnen beschäftigen, haben einen Einfluss darauf, wie das Kind seinen eigenen Körper wahrnimmt und mit und in ihm lebt.

Beobachtung

Die Bewegungsmuster von Kindern und Jugendlichen werden vor allem durch Beobachtung beeinflusst. Das Gehirn des beobachtenden Säuglings strukturiert bereits seinen Bewegungssinn. Das Baby erlernt durch Beobachtung Bewegungen, bevor es sie selbst umsetzt.

> »Die speziellen Gesten und Bewegungen eines Elternteils oder Geschwisters bilden eine visuelle/neuronale Matrix. Das erklärt, warum die Bewegungseinheiten von Kindern so oft die der Eltern widerspiegeln. Der Grund ist weniger Vererbung als vielmehr visuelle Exposition. Das zeigt sich anschaulich an der Leichtigkeit, mit der Jugendliche Kim Kardashians Auftreten oder die Posen von Models oder Raper*innen imitieren« (Orbach 2021, S. 64).

Jeder Körper wird auch durch die Körpergeschichte der eigenen Familie, Kultur und Zeit geschlechtstypisch geformt. Das Körpererleben der Eltern und Bezugspersonen, die Berührung und der Körperkontakt zum Kind, das Verhalten der Eltern, deren emotionale Spiegelung des Kindes sind ein komplexes Zusammenspiel körperlicher Umgangsweisen, durch die wir unseren Körper prägen.

9.1 Wie der Körper sich entwickelt und geformt wird

Geschlechterstereotype in der sozialen Umwelt

Die Vorstellung, dass Jungen* stärker und bewegungsorientierter sind, hat weniger mit der biologisch-körperlichen Dimension von Geschlecht zu tun als mit der sozialen, also mit Geschlechterstereotypen und gesellschaftlichen Symbolen zum Geschlecht. Beispielsweise meinen viele Kinder bereits im Kindergarten, dass Jungen stärker sind oder schneller Roller fahren, obwohl es in diesem Alter keine relevanten körperlichen Unterschiede gibt und die Kinder das also nicht aufgrund eigener Erfahrungen glauben können (vgl. u. a. Elsen 2020, S. 107). Erst mit der hormonellen Entwicklung im Rahmen der Pubertät verändert sich der kindliche Körper.

Wechselwirkungen zwischen Natur und Kultur

Die Frage nach dem Zusammenspiel zwischen biologischen und sozialen Einflüssen ist zunehmend Thema in der Forschung. Interessant sind hier vor allem die Ergebnisse des relativ neuen Wissenschaftsgebiets der Epigenetik. Hier wird der Einfluss von Umweltbedingungen auf die Gene untersucht (siehe u. a. die Untersuchungen zu Veränderungen der Körpergröße in Zeiten des Wohlstands oder des Körperbaus nach Kriegen, oder wie Bedingungen im Mutterleib die Gene beeinflussen).

Betrachten wir den Zusammenhang zwischen biologischen Voraussetzungen und sozialen Bedingungen fällt – unabhängig vom Geschlecht – die besondere Lernfähigkeit und Lernbereitschaft von Menschen auf, die nicht nur Säuglinge und Kinder charakterisiert, sondern auch Jugendliche und Erwachsene. Diese starke Anpassungsfähigkeit lässt sich für die individuelle und ebenso für die kulturhistorische Entwicklung nachzeichnen. Die Historikerin Barbara Duden hat in ihrem Buch »Geschichte unter der Haut« dazu rekonstruiert, wie die jeweiligen historischen Vorstellungen von Geschlecht auch unsere Körper- und Selbstwahrnehmung beeinflussen (ebd. 1987). Sie veranschaulicht damit, dass Körper nicht einfach biologische Mitgift, sondern zugleich auch Orte von Vergeschlechtlichung sind.

9 Körper, Geschlecht und die Macht der digitalen Bilder

Auch die Ergebnisse der Gehirnforschung zeigen diese Anpassungsfähigkeit. Hier zeigt sich, dass es vor allem die Plastizität ist, die die Gehirne von Menschen charakterisieren, d. h. deren Anpassungs- und Lernfähigkeit (vgl. u. a. Olbrecht 2001; Eliot 2010). Die Neurobiologin Eliot verdeutlicht, dass sich keine wirklich relevanten Unterschiede zwischen männlichen und weiblichen Gehirnen feststellen lassen, sondern dass sich das Gehirn mit den Erfahrungen, die es macht, verändert (vgl. ebd.). So wird die Synapsenbildung im Gehirn entscheidend gefördert durch geistiges und körperliches Training. Wenn ich also beispielsweise mein räumliches Vorstellungsvermögen nutze und jahrelang trainiere, lässt sich dies über bildgebende Verfahren (Kernspintomographie) im Gehirn nachweisen.

Zusammenfassend lässt sich feststellen, dass die neuere Genetik und Gehirnforschung zeigen, dass körperliche Strukturen nicht einfach durch die Biologie festgeschrieben sind. Vielmehr werden diese auf der Grundlage einer großen physiologischen und auch anatomischen Plastizität geformt durch die Wechselwirkungen zwischen genetisch angelegten Prozessen und aktiven Erfahrungen (Gebrauch) sowie Umweltbedingungen. Das *biologische Geschlecht (sex)* und das *soziale Geschlecht (gender)* sind unentwirrbar miteinander verknüpft und stehen im Rahmen der geschlechtlichen Entwicklung in stetiger Wechselwirkung miteinander.

Geschlechtstypische Bewegungsaktivierung

Indem Kinder beobachten, üben, Gesehenes nachahmen, in bestimmten Bereichen motiviert werden und in anderen weniger, entwickeln sie auch spezifische Bewegungsinteressen und Interaktionsstile. Im Rahmen der qualitativen Studie »Geschlechtsspezifische Körper- und Bewegungssozialisation in der frühen Kindheit« wurde im Rahmen von Beobachtung und Interviews deutlich, dass die gesellschaftlichen Vorstellungen einen starken Einfluss auf das Bewegungsverhalten haben.

»So nehmen die Jungen in ihrem Bewegungsverhalten immer wieder explizit darauf Bezug durch symbolische Schwertkämpfe,

9.1 Wie der Körper sich entwickelt und geformt wird

das einnehmend dominierender Posen, action- und risikoreichen Bewegungsverhalten etc.« (Hunger 2014, S. 18). Jungen* werden immer wieder vor allem über die Väter* bzw. männliche Bezugspersonen in Bewegungssituationen mehr oder weniger subtil ermuntert, Action zu suchen, (wett-) zu kämpfen, Risiken einzugehen und Grenzen auszutesten (vgl. ebd., S. 14–18).

Dabei wird in der oben genannten Studie deutlich, dass Eltern und pädagogische Fachkräfte sich zwar an Werten wie Gleichbehandlung und Individualität orientieren, sich im Alltag bei der Bewegungsaktivierung jedoch unbewusst vor allem an tradierten Geschlechterstereotypen orientieren (vgl. ebd., S. 14ff.; Hunger, Zimmer 2012, S. 8ff.).

Auf der Grundlage dieser geschlechtstypischen Körper- und Bewegungsaktivierung erproben Kinder untereinander beispielsweise im Kindergarten, in der Schule oder Jugendliche in der Freizeit diesen sogenannten männlichen Habitus. Vor allem in der Peer-Group wird der männliche Habitus modifiziert, verworfen oder eben verfestigt und im Laufe der weiteren Entwicklung so häufig und selbstverständlich durchgeführt, dass er vielfach für »natürlich« gehalten wird (▶ Abb. 3, ▶ Kap. 6.4).

Doing gender und der Einfluss der digitalen Medien

Weiblichkeit und Männlichkeit wird vor allem über den Körper dargestellt. Sich jungenhaft darzustellen, bedeutet in der Regel, sich als stark und kräftig zu zeigen und sich körperlich mit anderen Jungen* zu messen. Bereits in der Kindheit ziehen sich Jungen* eher Verletzungen und selbst Knochenbrüche zu. Sie sind häufiger krank und werden häufiger als verhaltensauffällig beschrieben (vgl. Kolip 2000, S. 291ff.). Vor allem im Jugendalter gehört Fitnesstraining für immer mehr männliche Jugendliche zur alltäglichen Praxis. Entsprechend den Tutorials in den sozialen Medien muss der Körper durch Krafttraining und Ernährung modelliert und große Bizepse müssen erarbeitet werden.

9 Körper, Geschlecht und die Macht der digitalen Bilder

Meist ab der Pubertät verändert sich das Geschlechterverhältnis in Bezug auf Körper und Gesundheit. Mädchen* bzw. weibliche Jugendliche nehmen häufiger medizinische Hilfe in Anspruch, leiden vermehrt an psychosomatischen Beschwerden und werden unzufriedener mit ihrem Körper. Sich weiblich darzustellen, beinhaltet vor allem, sich wenig raumgreifend zu bewegen, risikoreiche Aktionen und Kämpfe zu vermeiden und sich nicht zu messen (vgl. Focks 2016, S. 159). Dieser eher »gehemmte« Umgang mit dem eigenen Körper gilt nicht nur für Bewegung, sondern vor allem auch für Ernährung.

Denn »weiblich zu sein« bedeutet gegenwärtig immer auch, schlank zu sein, den eigenen Körper durch Sport zu modellieren und sich beim Essen einzuschränken. Beauty-Blogs, Video-Tutorials, Modezeitschriften und Werbetafeln gehören inzwischen zum globalen Alltag und zeigen einige wenige idealisierte Mädchen- und Frauenkörper. Nicht nur Körpergefühl und Körperwahrnehmung, sondern auch Selbstwertgefühl und Geschlechtsidentität sind maßgeblich davon beeinflusst, ob und wie sehr vor allem Jugendliche diesem entsprechen.

Die Schönheitsideale verändern sich dabei stetig; galten in den 1980er Jahren die schlanken, aber kurvigen Supermodels als attraktiv, so war es in den 1990er Jahren der sogenannte Heroin-Chic, extrem dünn, blasse Haut, um die Jahrhundertwende galt der durchtrainierte Körper und gesunde Haut mit leichtem Teint als gutaussehend und heute die schlanke Taille, der schlanke Körper mit großem Po. Dabei werden die westlichen Schönheitsideale zunehmend exportiert, wobei die sozialen Medien die Schönheitstrends beschleunigen und einige wenige idealisierte Körpertypen global verbreiten (vgl. dazu Orbach 2021, S. 52 ff.). Kinder und Jugendliche, vor allem Mädchen und junge Frauen posieren auf Knopfdruck für die Kamera und denken auch im Alltag vielfach die Kamera mit. Die Auswirkungen sind gravierend. Immer jüngere Mädchen beginnen mit Diäten und vielfach ist die Aufmerksamkeit fokussiert auf Aussehen, Schönheit, Schlankheit, Ernährung und Fitness.

9.2 Wie wir Kinder und Jugendliche unterstützen können

Die Bilder, die die Leben von Kindern und Jugendlichen überfluten, sind dabei unrealistisch und unerreichbar. Diese werden jedoch nicht als falsch wahrgenommen, sondern das einzelne Mädchen bzw. die einzelne Jugendliche fühlt sich falsch, weil sie den Bildern nicht entspricht.

»Ihre Perspektive hat sich verkehrt. Sie geht jetzt voller Energie daran, die neuen Bilder zu ihrem Leitbild zu machen und sich selbst durch diese neuen Formen auszudrücken. Sie tut alles, um diesem Ideal möglichst perfekt zu entsprechen und es so zu ihrem eigenen zu machen, keinem fremden gegen sich gerichteten« (ebd., S. 142).

Fallbeispiel Samira
Samiras Verhalten ist daher nicht ungewöhnlich und sie wird mit großer Wahrscheinlichkeit sagen, dass sie die Diäten sowie die Zahnkorrektur nur für sich selbst machen möchte, nicht um für andere »gut« auszusehen oder sich einem Schönheitsideal anzupassen. Um ein Gefühl der Selbstwirksamkeit zu erhalten (durch das eigene Tun etwas zu bewirken), sieht sie sich als Handelnde und nicht als Opfer geschlechtsstereotyper Vorstellungen oder von Profitinteressen von Diät- und Schönheitsindustrie.

9.2 Wie wir Kinder und Jugendliche unterstützen können

Unsere Körper sind ein Zusammenspiel aus biologischer Ausstattung und Millionen von unterschiedlichen kulturellen und sozialen Körperpraktiken, so dass wir immer auch unsere familiale und kulturelle Körpergeschichte quasi verkörpern. Und auch als Erwachsene sind wir der Allgegenwart der Geschlechterstereotype und der Flut an Bildern idealisierter Körper ausgesetzt und werden von diesen beeinflusst. Dies geschieht beiläufig, selbstverständlich und vor allem weitgehend unreflektiert. Daher ist es notwendig, dass wir uns als Eltern und als Fachkräfte in sozialen Professionen mit diesem Thema bewusst auseinandersetzen.

Selbstreflexion

In der Familie entwickelt sich das Körpergefühl und die Körperwahrnehmung. Um Kinder und Jugendliche zu unterstützen ist es daher eine Voraussetzung, dass wir als Eltern und pädagogische Fachkräfte unsere familiale Körpergeschichte und unser Gewordensein reflektieren.

Folgende Fragen können hier als Anregung dienen:

- Wie sah es in meiner Familie mit Berührungen aus?
- Wie wurde mit körperlichen Bedürfnissen umgegangen?
- Entsprach mein Körper den geschlechtstypischen Vorgaben?
- Habe ich als Kind gerne getobt, war ich eher ruhig?
- Wie fühle ich mich heute?
- Mag ich meinen Körper?
- Bewege ich mich gerne?
- Nehme ich meine Bedürfnisse wahr, achte ich auf meine Grenzen?
- Wann bin ich mir meines Körpers besonders bewusst?
- Wann spüre ich ihn weniger?

Achtsam sein mit dem eigenen Körper

Kinder und Jugendliche haben sehr feine Antennen für die Befindlichkeiten ihrer Eltern. Sie nehmen deutlich wahr, ob Sie in ihrem Körper »zu Hause« sind, sich ihres Körpers bewusst sind und achtsam mit sich selbst umgehen. Es ist daher hilfreich, kritische Äußerungen zum eigenen Aussehen und vor allem auch Diäten zu

9.2 Wie wir Kinder und Jugendliche unterstützen können

meiden. Kinder lernen durch Beobachtung, daher ist es notwendig, bei sich selbst zu beginnen; beispielsweise können Körperreisen und kurze Pausen helfen, sich selbst und den eigenen Körper bewusst wahrzunehmen, zu spüren und achtsam mit sich umzugehen.

(Körperliche) Bedürfnisse wahr- und ernst nehmen

Für die Körper- bzw. Selbstwahrnehmung ist es wichtig, sensibel für die eigenen Bedürfnisse zu sein. Vielfach nehmen wir als Erwachsene nur ein diffuses Gefühl von Unwohlsein wahr. Hier ist es notwendig, sensibel für die Art der Wahrnehmung der Bedürfnisse zu sein (so essen wir manchmal, obwohl wir nicht hungrig, sondern eher müde oder aber gelangweilt sind oder uns etwas Gutes tun wollen. Hier ist es sinnvoll, sich zu fragen, bin ich erschöpft oder hungrig oder benötige ich Bewegung oder Entspannung?). Unterstützen Sie Kinder, ihre Bedürfnisse wahrzunehmen und zwischen ihren Bedürfnissen zu differenzieren. Benennen Sie gerade bei jüngeren Kindern das jeweilige Bedürfnis z. B.: »Ich sehe, dass du müde bist ...« oder »Ich merke, dass du hungrig bist ...«. Wenn Ihr Kind beispielsweise unruhig wird, können Sie später fragen: »Ist es dir zu viel, brauchst du eine Pause?« Nehmen Sie Ihr Kind und seine Bedürfnisse ernst und meiden Sie korrigierende Äußerungen, wie z. B. »ach, es ist doch gar nicht so kalt« oder »na, das kann doch gar nicht so weh tun«. Folgen Sie Ihren Bedürfnissen und jenen Ihres Kindes und nicht festgeschriebenen Tabellen, Zeiten und Regeln, die sich immer wieder ändern in der jeweiligen Zeit und Ratgeberliteratur.

Berührung ermöglichen

Berührung ist die erste und eine fundamentale Grundlage von Beziehung und Kontakt: gehalten zu werden und zu sein. Dies gilt vor allem für das Säuglings- und Kleinkindalter. Aber auch in der weiteren Entwicklung kann Berührung – gerade in Stresssituationen – beruhigend wirken. Berührung ist zentral für die physische und psychische Gesundheit. Das Gefühl, angenommen zu sein und so akzeptiert zu werden, wie man ist, vermittelt Berührung mehr als Worte.

Bewegung und Entspannung fördern

Ausreichende Bewegung ist – ganz unabhängig vom Geschlecht – wichtig für die körperliche Entwicklung (u. a. Stärkung von Muskeln, Herz und Kreislauf, Förderung des Gleichgewichtssinns, der Reaktionsfähigkeit und der Koordination) und zugleich notwendig für die emotionale und kognitive Entwicklung. Damit nicht Geschlechterstereotype ungewollt die Bewegungserziehung beeinflussen, ist es notwendig, immer wieder auch mal innezuhalten und zu reflektieren.

Kinder benötigen unabhängig von ihrem Geschlecht Bewegungs- und Entspannungsphasen. Ruhe und Entspannung fördern das körperliche und seelische Wohlbefinden sowie die Körper- und Selbstwahrnehmung. Angesichts der vielfach vorfindbaren Reizüberflutung und des Lärms ist es wichtig, bewusst Ruhe und Entspannung zu ermöglichen, um zu sich zu kommen und sich zu spüren.

Als Eltern und als Fachkräfte in sozialen Professionen können wir unterschiedliche Bewegungs- und Körpererfahrungen ermöglichen und auch jene Seiten fördern, die in der geschlechtstypischen Bewegungserziehung vernachlässigt werden. Erst wenn Kindern und Jugendlichen unterschiedliche Erfahrungen ermöglicht werden, können sie erleben, was ihnen jeweils gut tut.

Vergeschlechtlichte Körperpraktiken hinterfragen

Vor allem im Umgang mit dem Körper zeigen Kinder früh vergeschlechtlichte soziale Praktiken; wie sie werfen, wie und vor allem wie viel sie sich bewegen oder wie viel Raum sie nehmen und vieles mehr. Solche vergeschlechtlichten Körperpraktiken spiegeln

9.2 Wie wir Kinder und Jugendliche unterstützen können

weniger einen natürlichen Körper als die jeweils herrschenden Vorstellungen.

»Denn im Umgang mit dem eigenen Körper spiegelt sich auch die Verarbeitung der je nach Geschlecht unterschiedlichen Anforderungen und Belastungsfaktoren wider. Jungesein bedeutet dabei deutlich auffälligere und nach außen gerichtete Bewältigungsversuche zu zeigen. Mädchensein dagegen eher unauffälligere und eher nach innen gerichtete Bewältigungsversuche zu wählen. Das Bild vom ›starken‹ Mann, der nicht weint, keinen Schmerz kennt, jedes Risiko eingeht und immer überlegen ist, ist gerade bei Kindern noch weit verbreitet. Vor allem körperlich muss diese Stärke gegenüber anderen immer wieder bewiesen werden« (vgl. Focks 2016, S. 159).

Wie Kinder und Jugendliche sich bewegen, wie sie mit ihrem Körper umgehen, ist zugleich vielfach auch eine Form des »doing gender«. Kinder und Jugendliche, die ihre körperlichen Kräfte messen, sich in riskante Situationen begeben, Schmerzen ignorieren, die durch Diäten ihren Körper modellieren und ihre Bewegungen in Zaum halten, zeigen damit vielfach zugleich, dass sie sich den jeweiligen geschlechtstypischen Habitus angeeignet haben.

Aussehen nicht kommentieren und Diäten meiden

Kinder und Jugendliche sind, wie bereits beschrieben, von Anfang an umgeben von einer Flut von Bildern, auf Werbetafeln, in Schaufenstern, im Fernsehen, in digitalen Medien usw. Neben diesen Bildern sind es die Verhaltensweisen der Menschen aus dem sozialen Umfeld, aus denen Kinder – meist unbemerkt von Erwachsenen – Botschaften zu Aussehen, Bewegung, Körper und Ernährung herausfiltern. Vor allem im Zusammenhang mit Weiblichkeit wird die Bedeutung von Aussehen sehr früh für Kinder erlebbar, so wird beispielsweise mehr Wert auf Kleidung gelegt und das Aussehen eher beachtet und kommentiert. Diäten gehören inzwischen zur Normalität. Auch wenn wir selbst als Eltern und Fachkräfte in sozialen Professionen keine Diäten machen, können wir uns dem Thema im Alltag kaum entziehen.

Dicksein wird als Schichtmerkmal und als psychische Schwäche (u. a. als Kontrollverlust) betrachtet und quasi dämonisiert. Immer jüngere Mädchen vermeiden bestimmte Lebensmittel, um nicht dick zu werden. Diäten sind jedoch keine kluge Reaktion beispielsweise auf Übergewicht. »Wiederholte Diäten stören den Selbstregulierungsprozess, der den individuellen Grundumsatz, den Kalorienverbrauch des Körpers, festlegt und dafür sorgt, dass wir das Gewicht halten, bei dem wir uns körperlich einigermaßen wohlfühlen, den sogenannten Setpoint« (Orbach 2021, S. 153).

Meiden Sie daher Diäten und auch Kommentare zum Aussehen, um das Verhältnis zum Essen und zum eigenen Körper nicht zu beeinträchtigen. Auch positiv erscheinende Kommentare, wie »Dein Kleid ist sehr hübsch« oder »Du bist schön schlank« oder »Du hast schön abgenommen« unterstützen eine Fokussierung auf das Aussehen und können das Verhältnis zum eigenen Körper und zur Ernährung beeinträchtigen. Unterstützen Sie Ihr Kind auf die eigenen Hunger- und Sättigungsgefühle zu achten und Freude an der Nahrung zu entwickeln, indem sie gemeinsam kochen und essen.

Handyzeiten begrenzen und unrealistische Bilder sichtbar machen

Digitale Medien und vor allem Handys gehören heute zum Alltag von Jugendlichen und sind kaum zu verbieten, aber Handyzeiten können und müssen altersadäquat begrenzt und die visuelle Überreizung von unrealistischen Bildern diskutiert und kommentiert werden.[9] Hierbei können auch pädagogische Fachkräfte, Sozialarbeiter_innen und Lehrer_innen in Schule und Jugendarbeit einen

---

9 Angaben zu den Handyzeiten für die jeweilige Altersgruppe und Hinweise und Tipps zum alltäglichen Umgang finden Sie u. a. unter: www.klicksafe.de und www.bzga.de. Hier finden Sie Alltagstipps zur Mediennutzung, Angebote und Beratung für Kinder, Jugendliche, Eltern und Fachkräfte sowie eine Broschüre für Eltern und Jugendliche.

9.2 Wie wir Kinder und Jugendliche unterstützen können

wichtigen Beitrag leisten zur Auseinandersetzung mit diesen unrealistischen geschlechterstereotypen Bildern.

Fallbeispiel Samira
Für die zwölfjährige Samira bedeutet dies, dass das Handy abends und vor allem nachts nicht im Zimmer ist und die tägliche Zeit reduziert wird (ca. 1 Stunde).
Samiras Eltern kommentieren unrealistische Schönheits- und Schlankheitsideale als solche und sprechen über eigene Erfahrungen in Kindheit und Jugend. Dabei beziehen sie die ältere Cousine (die Samira bewundert) in die Gespräche ein und diskutieren gemeinsam über die unrealistischen Bilder und Ideale. Ansonsten geben sie Fragen von Aussehen, Schönheit und Schlankheit im Alltag nicht so viel Raum. Die Eltern gehen wegen der Lücke zwischen den Schneidezähnen mit Samira zum Kieferorthopäden und fragen, ob eine Behandlung medizinisch notwendig sei. Da dies nicht der Fall ist, geben sie keine Erlaubnis für den Eingriff. Samiras Eltern äußern sich selbst nicht kritisch über ihren eigenen Körper oder den anderer und weisen im Alltag auf rassistische oder sexistische Äußerungen oder einfach unrealistische Körperbilder und -ideale hin. Sie achten darauf, dass Samira nicht dauernd Fotos von sich in den sozialen Medien postet, und sprechen mit ihr über die Risiken und die Möglichkeit, Instagram oder andere Seiten auch zu löschen.

10

Sexuelle Entwicklung und Geschlechternormen

Kinder sind von Anfang an sexuelle Subjekte. Sie empfinden körperliche Lust und Freude, indem sie sich mit ihrem eigenen Körper und dem von anderen beschäftigen. Denn Sexualität ist ein menschliches Bedürfnis. Kindliche Sexualität unterscheidet sich jedoch deutlich von der Sexualität von Erwachsenen. Im Mittelpunkt kindlicher Sexualität steht das Erleben des eigenen Körpers mit allen Sinnen (eher egozentrisch). Kennzeichnend für kindliche Sexualität ist auch, dass sie spontan, unbefangen und spielerisch und nicht auf zukünftige Handlungen ausgerichtet ist. Es geht vor allem um Entspannung und einen Wunsch nach Nähe und Geborgenheit. Sexuelle Handlungen werden dabei nicht bewusst als Sexualität wahrgenommen (vgl. Maywald 2013, S. 18). Einen bewussten und selbstbestimmten Umgang mit Sexualität, dem Körper und der Identität lernt ein Mensch im Laufe seiner Entwicklung (vgl. Schmidt, Sielert 2012).

10.1 Psychosexuelle Entwicklungsphasen vom Säuglingsalter bis zur Pubertät

Säuglinge erforschen unabhängig von ihrer Geschlechtszugehörigkeit ihren Körper und machen dabei lustvolle Erfahrungen (vgl. Quindeau, Brumlik 2012, S. 33f.). Sie erkunden die dingliche und soziale Umwelt mit dem Mund. Das Saugen beruhigt und ist zugleich lustvoll. Säuglinge entdecken die Welt über Berührung. Streicheln und Gestreichelt-werden erzeugen ein Gefühl von Sicherheit, Vertrauen und Entspannung. Über die Haut erfährt ein Säugling Zärtlichkeit, Angenommensein, Geborgenheit, Liebkosungen, aber auch Ablehnung, Ekel und Angst (vgl. Wanzeck-Sielert 2014, S. 409). Säuglinge entdecken ihren Körper, indem sie sich selbst berühren, manchmal auch ihre Genitalien. So kann es im Säuglingsalter auch zu spontanen Erektionen des Penis und zum Austritt von Vaginalflüssigkeit kommen (vgl. auch Maywald 2013, S. 32).

Kleinkinder (ca. 2-3 Jahre) nehmen zunehmend ihren eigenen Körper bewusst wahr und interessieren sich für diesen. Zugleich wird ihnen deutlich, dass sie sich von anderen unterscheiden. Dabei entwickeln sie auch Interesse am Körper von anderen, wie z. B. von Geschwistern, Eltern und anderen Kindern. Kleinkinder untersuchen dabei häufig ihre Genitalien und zeigen diese anderen Kindern und Erwachsenen (Schau- und Zeigelust). Manchmal berühren Kinder dabei absichtlich ihre Genitalien und stimulieren sich selbst, u. a. um sich zu beruhigen. In diesem Alter interessieren sie sich zudem für ihre Ausscheidungen. Sie sind in der Lage ihren

10 Sexuelle Entwicklung und Geschlechternormen

Schließmuskel selbst zu beherrschen und entwickeln ein Bewusstsein über ihre Körperausscheidungen. Sie entwickeln Lust über das Loslassen und Festhalten der Ausscheidungen (vgl. Quindeau 2008, S. 63). In dieser Phase entwickeln sie zudem ein Gefühl für ihren eigenen und für den persönlichen Bereich von anderen Menschen (Schamgefühl). Sie möchten z. B. nicht mehr von jedem ins Bad oder zur Toilette begleitet werden (vgl. auch Maywald 2013, S. 32). In dieser Entwicklungsphase lernen Kinder auch die sozialen und geschlechtstypischen Normen zum Umgang mit Körper und Sexualität.

Kleinkinder (ca. 4-5 Jahre) sind sehr interessiert an den vielen Aspekten von Sexualität (vgl. auch Wanzeck-Sielert 2014, S. 409). In Rollenspielen wie z. B. Doktorspielen erforschen Kinder spielerisch den eigenen Körper und den von anderen. Sie erleben in dieser Entwicklungsphase ganz bewusst, dass Berührungen an den Genitalien lustvoll sein können. Masturbation spielt nun eine wichtige Rolle. Viele Kinder interessieren sich in dieser Phase besonders für Fragen der Fortpflanzung, der Schwangerschaft und Geburt. Zudem entwickeln Kinder nun vielfach ein deutliches Schamgefühl. In diesem Alter schließen Kinder – unabhängig vom Geschlecht – Freundschaften mit anderen Kindern. Sie suchen körperliche Nähe und tauschen Zärtlichkeiten mit Freund_innen aus.

Kinder in der mittleren Kindheit (ca. 6-10 Jahre) entwickeln ein starkes Bedürfnis nach Intimität. Das Interesse an Sexualität spielt nun zwischen den Gleichaltrigen eine wichtige Rolle (wobei gleichgeschlechtliche Freundschaften bevorzugt werden). Dieses Interesse an Sexualität wird jedoch vor Erwachsenen nicht gezeigt. In dieser Entwicklungsphase möchten sich Kinder vielfach nicht mehr vor Erwachsenen an- oder ausziehen und wollen vielfach nicht mehr von anderen nackt gesehen werden.

Bei Kindern in der Vorpubertät (ca. 10-11 Jahre) verändert sich durch die Sexualhormone der Körper, z. B. Größenwachstum, Ausbildung von Brüsten, Stimmungsschwankungen (in der Regel bei Mädchen* zwei Jahre früher als bei Jungen*). Kinder interessieren sich nun zunehmend für die Sexualität von Erwachsenen und grei-

10.1 Psychosexuelle Entwicklungsphasen vom Säuglingsalter bis zur Pubertät

fen entsprechende Themen über Medien auf (vgl. Maywald 2013, S. 34). Sie entwickeln Wünsche, aber auch Unsicherheiten und Ängste. In diesem Alter möchten Kinder in der Regel nicht mehr von Eltern auf das Thema Sexualität angesprochen werden. Innerhalb der Gleichaltrigengruppen finden sowohl innerhalb des gleichen als auch des anderen Geschlechts erste engere Kontaktaufnahmen und Verbindungen statt.

Kinder und Jugendliche in der Pubertät (ca. 12-15 Jahre) verändern sich körperlich unter dem Einfluss von Sexualhormonen. Viele Mädchen* haben mit ca. zwölf Jahren ihre erste Menstruation. Bei Jungen* setzt nun auch die Pubertät ein und Hoden und Penis wachsen, ebenso wie die Behaarung (Achselhaare, Bartwuchs etc.). Sie kommen in den Stimmbruch und es erfolgt ein Wachstumsschub. Mit ca. 13 Jahren erfolgt in der Regel die erste Ejakulation (vgl. ebd., S. 35). Jugendliche sind nun geschlechtsreif und zeugungsfähig bzw. können schwanger werden. Viele Jugendliche masturbieren häufig. Jugendliche finden nun allmählich heraus, auf wen ihr Begehren eher gerichtet ist (sexuelle Orientierung). Vor allem für Jugendliche deren Begehren nicht den heteronormativen Vorgaben entspricht, wird diese Phase zur Herausforderung. Denn Homophobie ist auch unter Kindern und Jugendlichen noch weit verbreitet. Im Laufe der Pubertät haben einige Jugendliche erste Beziehungen und machen erste sexuelle Erfahrungen (z. B. Küssen, Streicheln, Petting oder der erste Geschlechtsverkehr).

Die psychosexuelle Entwicklung von Kindern und Jugendlichen ist dabei, ebenso wie die soziale, psychische und körperliche, beeinflusst von den Normen der jeweiligen Kultur und Zeit.

Normativ für unsere Gesellschaft ist dabei die Vorstellung, dass es zwei Geschlechter gibt, die eindeutig sind (damit werden Inter*- und Trans*-Menschen ausgegrenzt) und deren sexuelles Begehren aufeinander gerichtet ist (damit wird u. a. schwules, lesbisches und bisexuelles Begehren als abweichend betrachtet). Diese Vorstellung (Heteronormativität) beeinflusst nicht nur, wie wir uns verhalten, sondern auch was und wie wir wahrnehmen (vgl. Focks 2016, S. 149). So zeigen Studien, dass aus einem geschlechtstypischen bzw. -untypischen Verhalten vielfach Rückschlüsse auf die sexuelle Orientierung gezogen werden (vgl. u. a. Hunger 2014). Wenn beispielsweise ein Junge* den geschlechtstypischen Vorstellungen und Stereotypen nicht entspricht, erhält er besondere Aufmerksamkeit. »Darüber hinaus ist teilweise auch eine unterschwellige (und durchaus homophobe) Form der Sexualisierung des Jungenverhaltens zu konstatieren« (ebd., S. 18). Aus dem Verhalten von Kindern können jedoch keine Rückschlüsse auf deren spätere sexuelle Orientierung gezogen werden. Es handelt sich hierbei vielmehr um Stereotype, die die Wahrnehmung beeinflussen, wenn wir uns nicht bewusst damit auseinandersetzen.

Während die Sexualmoral noch vor einigen Jahrzehnten sehr restriktiv war, sind viele Gesellschaften Europas und Nordamerikas gegenwärtig durch eine Sexualisierung der gesamten Kultur gekennzeichnet. »Heute haben wir es mit einer sexuellen Überreizung zu tun. Die Benutzung sexualisierter Körper als Mittel, uns die wunderbare Welt der Konsumgesellschaft zu präsentieren und zu verkaufen, überschüttet uns mit bildhaften Vorlagen, wie wir uns als sexuelle Wesen dazustellen haben und wie wir uns sexuell betätigen.« (Orbach 2021, S. 185) Dabei wird vor allem der weibliche Körper sexualisiert. Der Imperativ in Bezug auf Weiblichkeit ist dabei, attraktiv und verführerisch zu sein und in Bezug auf Männlichkeit ist es permanentes sexuelles Verlangen. Vor allem über digitale Medien sind diese Imperative omnipräsent, eine visuelle Dauerberieselung, die insbesondere in heterosexuellen Beziehungen und vor allem für Jugendliche zu Verwirrung führen kann.

10.2 Wie wir Kinder und Jugendliche unterstützen können, eine körper- und sexualbejahende Haltung zu entwickeln

Masturbation

> **Fallbeispiel Emma**
> Während Sarah ihrer Tochter Emma und deren Freundin Paula (beide 3 Jahre) auf dem Sofa aus einem Bilderbuch vorliest, beginnt Emma mit der Hand ihre Vulva zu reiben.

Eltern haben einen großen Einfluss darauf, inwieweit Kinder sexual- und körperfreundliche Erfahrungen machen. Das Erleben des eigenen Körpers mit allen Sinnen, Nähe, Geborgenheit und Berührungen sind wichtige und integrale Erfahrungen. Unsere Haltung und unsere Reaktionen auf die sexuellen Erkundungen von Kindern (wie u. a. die spontanen Berührungen der eigenen Sexualorgane, Masturbieren, Doktorspiele) und das eigene Verhältnis zur Sexualität und zum eigenen Körper haben Auswirkungen auf die sexuelle Entwicklung von Kindern.

Selbstreflexion

Wie wir der sexuellen Entwicklung unserer Kinder begegnen, hat auch mit unserer Haltung zu Sexualität zu tun. Diese ist wiederum geprägt von unserer eigenen Geschichte und unseren verinnerlichten Sexualnormen. Daher ist eine Voraussetzung für die Unterstützung von Kindern und Jugendlichen, sich bewusst mit der eigenen Sexualität und der eigenen sexuellen Entwicklung auseinanderzusetzen.

Beim Namen nennen: Kommunikation über Sexualität

Auch wenn sich die Sexualmoral bereits verändert hat, können die Vorstellungen der eigenen Kindheit das Verhalten als Eltern bzw. als Fachkraft in sozialen Professionen beeinflussen.

> **Fallbeispiel Emma**
> Im Unterschied zu den meisten anderen Entwicklungsschritten von Kindern erntet das Masturbieren des Kindes weniger Freude: »Wir rufen nicht unsere Freund*innen an, um ihnen zu sagen: ›Ist das nicht toll! Emma hat heute ihre Klitoris entdeckt.‹ Wir versuchen vielleicht dem Kind, ohne es in seinem Enthusiasmus zu bremsen, zu verstehen zu geben, dass das etwas ist, das man tut, wenn man allein ist. Aber das Tun selbst versprachlichen wir oft nicht« (Orbach 2021, S. 202).

Damit Kinder eine bejahende Haltung zu ihrer Sexualität entwickeln können, ist es notwendig, Sexualität als integralen Bestandteil ihrer Lebensäußerung zu verstehen und eine klare, diskriminierungs- und schamfreie Sprache zu finden (vgl. auch Maywald 2013, S. 80f.).

Durch die Anatomie von Penis und Harnröhre haben Jungen ihr Sexualorgan täglich in der Hand (vgl. Orbach 2021, S. 202). Dagegen bleibt die Vulva/Vulvina mit Klitoris und Vulvalippen häufig unbenannt und wenig vertraut. Dies hat vor allem mit der bis vor einigen Jahrzehnten noch sehr restriktiven Sexualmoral in Bezug auf die weibliche Sexualität zu tun (nur Männer begehren und sind sexuell aktiv, während sexuell aktive Frauen als »verdorben« gelten). Hierfür stehen auch die Begriffe Scheide oder Vagina. Mit diesen vielfach verwendeten Begriffen werden nur die inneren Teile des weiblichen Genitals erfasst (also die Verbindung zwischen Vulva und Gebärmutter). Dabei werden die sichtbaren Teile des weiblichen Genitals, also die Vulvalippen, der äußere Teil der Klitoris sowie der Venushügel, außen vor gelassen. Im Zusammenhang mit der restriktiven Sexualmoral gegenüber Frauen ist auch der Begriff »Schamlippen« zu betrachten. Anatomisch korrekter ist die Benen-

10.2 Unterstützung für eine körper- und sexualbejahende Haltung

nung als Vulvalippen. Die Begriffe Vulva und Vulvalippen stehen für eine eigenständige Benennung des Geschlechts, die anatomisch alles einbezieht und sich auf die weibliche Sexualität bezieht. Es ist normal, dass Kinder ihren Körper und ihre Sexualorgane entdecken. Wir können Sie hier unterstützen, indem wir auch das Masturbieren versprachlichen. Dabei ist der Hinweis darauf sinnvoll, dass es etwas Intimes ist, dass nicht für alle sichtbar sein sollte.

Jederzeit und überall verständliche Bezeichnungen sind auch im Sinne der Prävention vor sexuellen Übergriffen und sexualisierter Gewalt notwendig. Angemessene Begriffe für primäre und sekundäre Geschlechtsmerkmale, für unterschiedliche Geschlechtsidentitäten und sexuelle Orientierungen beugen auch Unsicherheiten und Diskriminierungen vor.

Kinderfragen aufgreifen

Nutzen Sie Anlässe, um mit Kindern über Sexualität zu sprechen. Kinder sind meist sehr interessiert an allen Fragen von Sexualität und Fortpflanzung. Greifen Sie diese auf und achten Sie dabei darauf, nicht nur Sachinformationen zu geben, sondern fragen Sie nach vorhandenem Wissen und Vorstellungen. Altersadäquate (Bilder-)Bücher, Medien und Materialien zu Sexualpädagogik und Prävention sexualisierter Gewalt gibt es hier inzwischen vielfältige.[10]

---

10 Unter anderem: Gathen, K. von der; Kuhl, A. (2014): Klär mich auf. 101 echte Kinderfragen rund um ein aufregendes Thema. Leipzig: Klett Kinderbuchverlag.
Bundeszentrale für gesundheitliche Aufklärung (BZgH) (Hrsg.) (2019): Sexualaufklärung, Familienplanung, Prävention des sexuellen Kindesmissbrauchs, Frühe Hilfen. Medien und Materialien. 36. Auflage. 10/2019. Online verfügbar unter: https://www.bzga.de/fileadmin/user_upload/PDF/medien/medienuebersichten/13010000.pdf
Maywald, J. (2013): Sexualpädagogik in der Kita. Freiburg im Breisgau: Herder Verlag.
Enders, U. (2012): Grenzen achten. Schutz vor sexuellem Missbrauch in Institutionen. Ein Handbuch für die Praxis. Köln.

Dramatisierung von Geschlecht und Sexualisierung vermeiden

Bereits im Säuglings- und Kleinkindalter wird Geschlechterdifferenz hergestellt und dramatisiert (Säuglingskleidung in rosa und hellblau, BHs und Absatzschuhe für Kleinkinder, Schminken für Kleinkinder, taillierte Kleidung mit großem Ausschnitt für Kinder). Die Alterskompression (also die Erwartung, sich erwachsener zu kleiden und zu verhalten, als sie sind) nimmt insbesondere in Bezug auf Mädchen* zu. Mädchen* werden darauf trainiert, verführerisch und begehrenswert zu sein, und Jungen*, aktiv zu begehren und nicht verletzlich zu sein. Differenz wird früh hergestellt und verstärkt, in einem Alter, in dem es diese Differenz aufgrund der körperlichen Entwicklung gar nicht gibt. In den letzten Jahren hat diese Dramatisierung und Alterskompression zugenommen. Eltern müssen hier immer wieder bewusst gegensteuern (▶ Kap. 7.3).

Der Überbetonung des Visuellen etwas entgegensetzen

Viele ältere Kinder und Jugendliche sind in der Pubertät durch die mit den körperlichen Veränderungen einhergehenden gesellschaftlichen Vorstellungen verunsichert. Es ist schwer für sie, einen Platz in der sexualisierten Welt zu finden. Sie werden stetig insbesondere über Werbung und soziale Medien mit Bildern von »perfekten« Körpern konfrontiert.[11] Über YouTube-Videos, auf Facebook-Seiten und Instagram sowie TiKTok werden Körper und Körperteile zur Schau gestellt. Kinder und Jugendliche lernen hier, sich »vorteilhaft« darzustellen: Modelposen, ein Schmollmund, ein Waschbrettbauch und Muskeln. »Diese Art der Präsentation vermittelt, dass wenn es um Sex geht, der Körper alles ist. Der Körper oder Körperteil ist das Vehikel, um Anerkennung über sexuelle Attraktivität zu

---

11 Einen Ratgeber über die wichtigsten Grundlagen zum Kinderschutz im Zeitalter von Internet, Smartphones, Sexting und Cybermobbing finden Sie unter: https://www.innocenceindanger.de/wp-content/uploads/2015/02/IIDRatgeber.pdf

10.2 Unterstützung für eine körper- und sexualbejahende Haltung

erlangen ...« (Orbach 2021, S. 180). Ein lustvolles Erleben des eigenen Körpers, ein »im Körper sein«, ein Berühren und Berührt-werden und lustvoll expressives Erkunden und Begehren wird so erschwert. Ähnlich wie im Kapitel zum Thema Körper (▶ Kap. 9) beschrieben, ist es hier wichtig, die Medienzeiten zu beschränken (▶ Kap. 9.2), Aussehen nicht zu kommentieren oder gar zu bewerten (auch nicht positiv), sondern Körpererfahrungen, Körper- und Selbstwahrnehmung zu fördern (▶ Kap. 9.2).

11

Ausblick

Historisch betrachtet sind die heutigen Vorstellungen von Mädchen- und Junge-sein ebenso wie jene zum Mutter- und Vater-sein relativ neu. Sie erscheinen uns jedoch normal und unveränderbar, weil sie auf verschiedenen miteinander verknüpften Ebenen wirken (▶ Abb. 1, ▶ Kap. 1, ▶ Abb. 2, ▶ Kap. 6.1). So wirkt Geschlecht auf der Ebene der gesellschaftlichen Strukturen (u. a. wer welche Arbeiten übernimmt), auf der Ebene der Symbole (Geschlechterstereotype gibt es in fast allen Lebensbereichen) und auf der Ebene der Identitäten. Wenn wir uns nicht bewusst und reflektiert damit auseinandersetzen, reproduzieren wir die jeweils vorherrschenden Vorstellungen von Elternschaft und Geschlecht. Dies führt jedoch zur Einschränkung der Entfaltungsmöglichkeiten auf das, was jeweils als männlich und weiblich gilt, konfrontiert Eltern mit widersprüchlichen und überhöhten Idealbildern an Elternschaft und behindert die kognitiv-emotionale und soziale Entwicklung von Kindern und Jugendlichen. Nationale und internationale Studien zeigen deutlich, dass eine geschlechtstypische Erziehung und Bildung (eine starke Betonung des Geschlechts, Geschlechterstereotype) negative Auswirkungen auf die Entwicklung von Kindern und Jugendlichen haben.[12] Zu diesen negativen Auswirkungen gehört, dass Kinder, die nicht den normativen geschlechtsspezifischen Vorgaben entsprechen, verunsichert und herabgewürdigt werden. Die negativen Folgen für Jungen* äußern sich u. a. in verringerten sozialen Kompetenzen und Lesefähigkeiten. Zudem müssen vor allem Jungen* bei nicht geschlechtskonformen Verhalten mit Sanktionen aus dem Umfeld rechnen. Bei Mädchen* äußern sich die negativen Effekte einer geschlechtsspezifischen Erziehung und Bildung u. a. in einer verringerten Ausbildung von mathematisch-technischen und räumlichen Fähigkeiten. Zudem zeigt sich, dass Mädchen* und junge Frauen* die Stereotype und Vorurteile vielfach verinnerlicht haben und wenig Selbstvertrauen und Interesse in diesen Bereichen entwickeln.

Durch eine geschlechterreflektierte Bildung und Erziehung können Eltern und pädagogische Fachkräfte in Kita, Schule und Jugendarbeit Kinder unterstützen, ihre Potentiale zu entwickeln – unabhängig von den jeweils herrschenden Vorstellungen vom »richtigen Mädchen« und »richtigen Jungen«. Sie können dazu beitragen, dass Kinder und Jugendliche, die nicht den geschlechtstypischen heteronormativen Vorgaben entsprechen, nicht diskriminiert werden.

Es ist jedoch nicht immer einfach, sich als Eltern oder Fachkräfte in sozialen Professionen reflektiert und angemessen zu verhal-

---

12 Vgl. dazu u. a. die Zusammenfassung von verschiedenen Studien von Heisig (2019, S.12ff.).

11 Ausblick

ten. Auch wir sind beeinflusst und geprägt von den allgegenwärtigen Geschlechterstereotypen und den vorherrschenden Geschlechterverhältnissen. Besonders in familiären oder gesellschaftlichen Krisenzeiten, in Übergangsphasen in der Entwicklung von Kindern und Jugendlichen kennen die allermeisten Zweifel, Ängste und überfordernde Belastungen. Vor allem in diesen Situationen handeln wir häufig unreflektiert und auch manches Mal unangemessen. Statt Strenge sich selbst gegenüber ist es hier hilfreich, sich selbst auch mit Verständnis und Mitgefühl zu begegnen. Wenn Kinder im Kindergartenalter oder Jugendliche in der Pubertät einen sehr geschlechtstypischen Habitus zeigen, sind vor allem Eltern, die ihre Kinder geschlechterreflektiert erziehen wollen, verunsichert. Hier ist es notwendig, Vertrauen in die eigene Erziehung und in die Entwicklung der Kinder und Jugendlichen zu entwickeln.

Zudem sind die Bildungs- und Erziehungsanstrengungen von Eltern oder Fachkräften in sozialen Professionen immer auch begrenzt. Neben Eltern, Schule und Jugendarbeit sind es vor allem auch digitale Medien, die als eigenständige Sozialisationsinstanz »mit erziehen und bilden«. Je älter die Kinder werden, desto stärker beeinflussen auch die Freund_innen und die Peer-Group sowie das soziale Milieu die Geschlechtsidentitätsentwicklung (▶ Abb. 3, ▶ Kap. 6.4). Kinder und Jugendliche entwickeln ihre Geschlechtsidentitäten zudem immer in Wechselwirkung und verknüpft mit anderen Zugehörigkeiten und Identitätsaspekten, wie Kultur, Religion, Milieu usw.

Sowohl die Entwicklung von Geschlechtsidentitäten als auch Prozesse von Bildung sind zudem individuell sehr unterschiedlich. Bei diesen Prozessen spielen nicht nur unterschiedliche fördernde oder auch behindernde Rahmenbedingungen eine Rolle, sondern nicht zuletzt auch die Persönlichkeit, die Stärken und die Interessen des jeweiligen Kindes und Jugendlichen.

Je nach Persönlichkeit beinhalten diese (Selbst-)Bildungsprozesse ein mehr oder weniger deutliches Sich-ausprobieren und auch ein Sich-abgrenzen von den Erwachsenen, ihren Erziehungs- und

11 Ausblick

Bildungsvorstellungen und auch ihren Vorstellungen von Geschlecht. Abgrenzungskonflikte gehören zur Entwicklung von Kindern und vor allem auch von Jugendlichen. Meist sind die Konflikte und Auseinandersetzungen am stärksten in Übergangsphasen, also vor einem neuen Entwicklungsschritt (der Kinder bzw. der Jugendlichen und eben auch der Eltern).

Zudem sind Konflikte Teil der Kommunikation und notwendig für die Entwicklung von Kindern und Jugendlichen. Konflikte sind die Regel und nicht die Ausnahme. Der Anspruch auf Übereinstimmung und das Streben nach Perfektion führt bei allen Beteiligten zu Enttäuschung, Wut und wiederum zu Selbstkritik. Kinder und Jugendliche, die viel kritisiert werden, verinnerlichen vielfach die Kritik, so dass sie auch im Erwachsenenalter sehr streng mit sich sind.

Die Grenzen einer geschlechterreflektierten Erziehung und Bildung zur Herstellung von Geschlechtergerechtigkeit liegen jedoch vor allem auch in gesellschaftlich-strukturellen Rahmenbedingungen. So wirken sich politische Anreize wie z. B. die Besteuerung von Alleinerziehenden, das Ehegattensplitting oder die Regelungen zu Minijobs auf die individuelle Lebens- und Familiengestaltung aus und verfestigen soziale Ungleichheiten. Zudem gibt es – im Gegensatz zu anderen Ländern – in Deutschland kaum Maßnahmen gegen diskriminierende und sexistische Werbung. Kinder und Jugendliche werden hier tagtäglich mit sexistischen Geschlechterstereotypen konfrontiert.

Auch in den digitalen Medien finden sich vielfach geschlechterstereotype Darstellungen. Zudem sind Mädchen* und Frauen* hier unterrepräsentiert (vgl. u. a. Studie der MaLisa Stiftung 2019). Nach wie vor ist die Förderung in den sogenannten MINT-Bereichen (Mathematik, Informatik, Naturwissenschaft und Technik) sehr geschlechtstypisch. Obwohl die Bedeutung digitaler Kompetenzen immer wieder hervorgehoben werden, fehlen bei den Strategien des Bundes und der Länder zur Digitalisierung gleichstellungspolitische Maßnahmen und Ziele (CEDAW-Allianz Deutschland 2019, S. 10). Dies hat negative Auswirkungen auf den Bildungserfolg, die berufliche Ausbildung und die gesellschaftliche Teilhabe von Mädchen* und Frauen* und verfestigt eine geschlechtstypische Arbeitsteilung. Eine geschlechterreflektierte Erziehung und Bildung (▶ Abb. 4, ▶ Kap. 7) ist nicht ein weiterer Erziehungstrend, der zusätzlich in Elternhaus, Kita, Schule und Jugendarbeit umgesetzt werden soll. Es geht vielmehr darum, Kinder und Jugendliche – jenseits von herrschenden Männlichkeits- und Weiblichkeitsvorstellungen – in ihrem So-Sein wahrzunehmen, wertzuschätzen und zu fördern. Es geht darum, ihnen das Gefühl zu geben, dass sie »richtig« sind, so wie sie sind, damit sie mit Herausforderungen umgehen, Probleme bewältigen und Gesellschaft mitgestalten können. Dies erfordert ein liebevoll-konsequentes Erziehungsverhalten, bei dem die Person geliebt bzw. akzeptiert wird, so wie sie ist, inakzeptables Verhalten jedoch – in einer mitfühlenden Haltung – kritisiert wird und Konsequenzen hat. Um nicht ungewollt die vorhandenen Geschlechterverhältnisse zu reproduzieren, ist eine kritische Auseinandersetzung mit den eigenen Geschlechtervorstellungen ebenso notwendig wie eine kritische Auseinandersetzung mit Geschlechterstereotypen in Kinderbüchern, sozialen Medien, Schulbüchern, Werbung und alltäglicher Kommunikation. Daneben ist es wichtig, unterschiedliche Rollenmodelle und Vielfalt von Lebensweisen im Alltag erfahrbar zu machen. Da die Lebenswelten von Kindern und Jugendlichen sehr geschlechtstypisch strukturiert sind, ist es notwendig, ganz alltäglich Ausgleiche zu schaffen, indem wir geschlechtsuntypische Erfahrungen, Spiele, Verhaltensweisen und Bereiche ermöglichen und regelmäßig nutzen. Wenn Kinder und Jugendliche vielfältige Erfahrungen machen und auch in jenen Bereichen gefördert werden, die als geschlechtsuntypisch gelten, können sie erfahren, was ihren Fähigkeiten, Interessen und Bedürfnissen entspricht.

Diese können dabei sowohl geschlechtsuntypisch als auch geschlechtstypisch sein. Indem wir Kindern und Jugendlichen unterschiedliche Möglichkeiten eröffnen und sie unterschiedliche Bereiche erproben, können sie eben auch erfahren, dass ihnen bestimmte geschlechtstypische Bereiche in Freizeit, Schule oder bei der Berufswahl entsprechen. Geschlechtstypische Verhaltensweisen von Kindern und Jugendlichen zu akzeptieren, fällt vor allem Eltern und pädagogischen Fachkräften schwer, die klare Vorstellungen in Bezug auf veränderte Geschlechterverhältnisse entwickelt haben und sich in Frage gestellt fühlen durch ein geschlechtstypisches Verhalten von Kindern und Jugendlichen.

Geschlechterreflektierte Erziehung und Bildung ist jedoch ein offener Prozess. Es geht darum, Kinder und Jugendliche in ihren individuellen Interessen, Fähigkeiten und Bedürfnissen wahrzunehmen und zu fördern und eben nicht um Rollentausch oder um ein neues normatives Bild vom »richtigen Mädchen« oder »richtigen Jungen«.

Dazu gehört es auch, Kinder und Jugendliche zu akzeptieren, wie sie sich entwickeln (wollen), sie altersangemessen zu beteiligen und ihnen Verantwortung zu übertragen. Es geht darum, Kinder und Jugendliche zu stärken, damit sie die Herausforderungen und Probleme bewältigen und eine gerechte Gesellschaft mitgestalten können.

Informationsmaterial, Literatur und Webseiten

Bildung und Erziehung

Elsen, H. (2020): Gender – Sprache – Stereotype. Geschlechtersensibilität in Alltag und Unterricht, Tübingen: Narr Francke Attempto Verlag.
Focks, P. (2016): Starke Mädchen, starke Jungen. Genderbewusste Pädagogik in der Kita. Freiburg im Breisgau: Verlag Herder.
Glock, S.; Kleen, H. (Hrsg.) (2020): Stereotype in der Schule. Wiesbaden: Springer Verlag.
Glockentöger, I.; Adelt, E. (Hrsg.) (2017): Gendersensible Bildung und Erziehung in der Schule, Münster: Waxmann.

Digitale Medien

www.bzga.de: Alltagstipps zur Mediennutzung, Angebote und Beratung für Kinder, Jugendliche, Eltern und Fachkräfte
https://www.innocenceindanger.de/wp-content/uploads/2015/02/IIDRatgeber.pdf: Ein Ratgeber über die wichtigsten Grundlagen zum Kinderschutz im Zeitalter von Internet, Smartphones, Sexting und Cybermobbing
www.klicksafe.de: Hinweise und Tipps zum alltäglichen Umgang mit Handy und digitalen Medien

Kinderrechte und Kinderrechtsbildung

Deutsches Institut für Menschenrechte (2020): UN-Kinderrechtskonvention. Online verfügbar unter: https://www.institut-fuer-menschenrechte.de/fileadmin/user_upload/Publikatio-nen/Fact_Sheet/Factsheet_UN-KRK.pdf
Deutsches Institut für Menschenrechte/Europarat/BPB (Hrsg.): Compasito – Handbuch zur Menschenrechtsbildung mit Kindern. Paderborn 2009. Zu bestellen über: www.bpb.de; online verfügbar unter: www.compasito-zmrb.ch
Deutsches Kinderhilfswerk e. V. (2018): Kinderreport Deutschland 2018. Rechte von Kindern in Deutschland. Berlin: Deutsches Kinderhilfswerk e. V. Online verfügbar unter: https://www.dkhw.de/fileadmin/Redaktion/1_Unsere_Arbeit/1_Schwerpunkte/2_Kinderrechte/2.2_Kinderreport_aktuell_und_aeltere/Kinderreport_2018/DKHW_Kinderreport_2018.pdf

Informationsmaterial, Literatur und Webseiten

Deutsches Komitee für Unicef e. V. (o. J.): UN-Konvention über die Rechte des Kindes. Kinder haben Rechte. Online verfügbar unter: https://www.unicef.de/blob/9404/b80b0222556588a905af67e84edf6599/i0079-2013-kinder-haben-rechte-01-pdf-data.pdf

Sexualität und Prävention sexualisierter Gewalt

Bundeszentrale für gesundheitliche Aufklärung (BZgH) (Hrsg.) (2019): Sexualaufklärung, Familienplanung, Prävention des sexuellen Kindesmissbrauchs, Frühe Hilfen. Medien und Materialien. 36. Auflage. 10/2019. Online verfügbar unter: https://www.bzga.de/fileadmin/user_upload/PDF/medien/medienuebersichten/13010000.pdf

Enders, U. (2012): Grenzen achten. Schutz vor sexuellem Missbrauch in Institutionen. Ein Handbuch für die Praxis. Köln: Kiepenhauer & Witsch.

Gathen, K. von der; Kuhl, A. (2014): Klär mich auf. 101 echte Kinderfragen rund um ein aufregendes Thema. Leipzig: Klett Kinderbuchverlag.

Maywald, J. (2013): Sexualpädagogik in der Kita. Freiburg im Breisgau: Herder Verlag.

Vielfalt

Fachstelle KINDERWELTEN: www.kinderwelten.net bzw. https://situationsansatz.de/fachstelle-kinderwelten. Hier wurden für die unterschiedlichen Altersgruppen Bücherlisten zusammengestellt (aktuelle Bücherliste 2020).

Lambda Bundesverband: https://lambda-online.de: Information, Beratung und mehr für alle, die queer und jung sind.

»Mein Geschlecht« – das bundesweite Portal für transgeschlechtliche, intergeschlechtliche und genderqueere Jugendliche: www.meingeschlecht.de: Trans*, Inter* und Genderqueer – Information, Kontakte, bundesweite Anlauf- und Beratungsstellen, Elterninitiativen und vieles mehr für Eltern, Pädagog*innen, Angehörige und Jugendliche

Literatur

Antidiskriminierungsstelle des Bundes (Hrsg.) (o. A.): 19. Migration Pay Gap. Online verfügbar unter: https://www.antidiskriminierungsstelle.de/SharedDocs/Glossar_Entgeltgleichheit/DE/19_Migration_Pay_Gap.html#:, zuletzt geprüft am 12.11.2020.

Beck, U.; Beck-Gernsheim, E. (1990): Das ganz normale Chaos der Liebe. Frankfurt am Main: Suhrkamp Verlag.

Bernhard, A.; Böhnisch, L. (2015): Männliche Lebenswelten. Bozen: bu,press.

Bian, L.; Leslie, S.-J.; Cimpian, A. (2018): »Evidence of bias against girls and women in contexts that emphasize intellectual ability«. American Psychologist, 73 (9), S. 1139–1153.

Böhnisch, L. (2013): Männliche Sozialisation. Weinheim: Beltz Juventa.

Böhnisch, L. (2018): Der modularisierte Mann. Eine Sozialtheorie der Männlichkeit. Bielefeld: transcript Verlag.

Bönke, T.; Glaubitz, R.; Göbler, K.; Harnack, A.; Pape, A.; Wetter, M. (2020): Wer gewinnt? Wer verliert? Die Entwicklung und Prognose von Lebenserwerbseinkommen in Deutschland. Bertelsmann Stiftung. Gütersloh. Online verfügbar unter: https://www.bertelsmann-stiftung.de/fileadmin/files/BSt/Publikationen/GrauePublikationen/LEE_2.pdf, zuletzt geprüft am 14.10.2020.

Bourdieu, P. (1997): Die männliche Herrschaft. In: I. Dölling; B. Krais (Hrsg.): Ein alltägliches Spiel. Geschlechterkonstruktion in der sozialen Praxis. Frankfurt am Main: Suhrkamp Verlag.

Bourdieu, P. (2005): Die männliche Herrschaft. Frankfurt am Main: Suhrkamp Verlag.

Bründel, H.; Hurrelmann, K. (2017): Kindheit heute. Lebenswelten der jungen Generation. Weinheim und Basel: Beltz Verlag.

Bundesministerium für Familie, Senioren, Frauen und Jugend (BMFSFJ) (Hrsg.) (2020): 4. Atlas zur Gleichstellung von Frauen und Männern in Deutschland. 1. Auflage. Berlin. Online verfügbar unter: https://www.bmfsfj.de/blob/160308/50628ce931557ca11439f70536115e54/4-atlas-zur-gleichstel-lung-von-frauen-und-maennern-in-deutschland-broschuere-data.pdf, zuletzt geprüft am 14.10.2020.

Bundesverband alleinerziehender Mütter und Väter e. V. (Hrsg.): Steuergerechtigkeit für Alleinerziehende. Berlin. Online verfügbar unter: https://

www.vamv.de/positionen/themen/familienpolitik/steuergerechtigkeit-fuer-alleinerziehende, zuletzt geprüft am 05.11.2020.

CEDAW-Allianz Deutschland (Hrsg.) (2019): Recht auf Gleichstellung. Zum Stand der Umsetzung der Frauenrechtskonvention in Deutschland. Online verfügbar unter: https://www.bmfsfj.de/resource/blob/142724/31805c7dff280a989e0275993deeaad9/20191218-cedaw-allianz-stellungnahme-frauenrechtskonvention-data.pdf, zuletzt geprüft am 03.07.2022.

Deutsches Institut für Menschenrechte (2020): UN-Kinderrechtskonvention. Online verfügbar unter: https://www.institut-fuer-menschenrechte.de/fileadmin/user_upload/Publikationen/Fact_Sheet/Factsheet_UN-KRK.pdf, zuletzt geprüft am 21.02.2021.

Deutsches Kinderhilfswerk e. V. (2018): Kinderreport Deutschland 2018. Rechte von Kindern in Deutschland. Berlin: Deutsches Kinderhilfswerk e. V. Online verfügbar unter: https://www.dkhw.de/fileadmin/Redaktion/1_Unsere_Arbeit/1_Schwerpunkte/2_Kinderrechte/2.2_Kinderreport_aktuell_und_aeltere/Kinderreport_2018/DKHW_Kinderreport_2018.pdf, zuletzt geprüft am 23.02.2021.

Deutsches Komitee für Unicef e. V. (o. J.): UN-Konvention über die Rechte des Kindes. Kinder haben Rechte. Online verfügbar unter: https://www.unicef.de/blob/9404/b80b0222556588a905af67e84edf6599/i0079-2013-kinder-haben-rechte-01-pdf-data.pdf, zuletzt geprüft am 21.02.2021.

Deutsches Institut für Menschenrechte/Europarat/BPB (Hrsg.) (2009): Compasito – Handbuch zur Menschenrechtsbildung mit Kindern. Paderborn. Zu bestellen über: www.bpb.de; online verfügbar unter: www.compasito-zmrb.ch

Diabaté, S. (2015): Mutterleitbilder. Spagat zwischen Autonomie und Aufopferung. In: N. F. Schneider; S. Diabaté, K. Ruckdeschel (Hrsg.): Familienleitbilder in Deutschland. Kulturelle Vorstellungen zu Partnerschaft, Elternschaft und Familienleben. Opladen: Verlag Barbara Budrich, S. 208–226.

Diabaté, S.; Lück, D.; Schneider, N. F. (2015): Leitbilder der Elternschaft: Zwischen Kindeswohl und fairer Aufgabenteilung. In: N. F. Schneider; S. Diabaté; K. Ruckdeschel (Hrsg.): Familienleitbilder in Deutschland. Kulturelle Vorstellungen zu Partnerschaft, Elternschaft und Familienleben. Opladen: Verlag Barbara Budrich, S. 248–268.

Duden, B. (1987): Geschichte unter der Haut. Stuttgart: Klett-Cotta.

Durkheim, E. (1988): Über soziale Arbeitsteilung. Frankfurt am Main: Suhrkamp Verlag.

Eggen, B. (2019): Kinderrechte: Probleme ihrer Umsetzung. Bericht zu der Jahrestagung des Deutschen Jugendinstituts 2018. Online verfügbar unter:

https://www.statistik-bw.de/Service/Veroeff/Monatshefte/PDF/Beitrag19_03_03.pdf, zuletzt geprüft am 27.02.2021.

Eliot, L. (2010): Wie verschieden sind sie? Die Gehirnentwicklung bei Mädchen und Jungen. Berlin: BerlinVerlag.

Elsen, H. (2020): Gender – Sprache – Stereotype. Geschlechtersensibilität in Alltag und Unterricht. Tübingen: Narr Francke Attempto Verlag.

Enders, U. (2012): Grenzen achten. Schutz vor sexuellem Missbrauch in Institutionen. Ein Handbuch für die Praxis. Köln: Kiepenhauer & Witsch.

Faulstich-Wieland, H. (2000): Individuum und Gesellschaft. Weinheim und Basel: Oldenbourg Verlag.

Faulstich-Wieland, H. (2010): »Wir brauchen eine Gender-Sensibilisierung von Lehrkräften«. Interview in wirbelwind, jako-o Ausgabe 3/2010, S. 9.

Faulstich-Wieland, H. et. al. (2009): Doing gender im heutigen Schulalltag. Empirische Studien zur sozialen Konstruktion von Geschlecht in schulischen Interaktionen. Weinheim und München: Beltz Verlag.

Focks, P. (2014): Lebenswelten von trans*, inter* und genderqueeren Jugendlichen aus Menschenrechtsperspektive. Online verfügbar unter: http://www.meingeschlecht.de

Focks, P. (2016): Starke Mädchen, starke Jungen. Genderbewusste Pädagogik in der Kita. Freiburg im Breisgau: Verlag Herder.

Ftenakis, W. (1985): Väter. Band 1: Zur Psychologie der Vater-Kind-Beziehung. München: Urban&Schwarzenberg.

Fthenakis, W. E.; Minsel, B. (2002): Die Rolle des Vaters in der Familie. Schriftenreihe des Bundesministeriums für Familie, Senioren, Frauen und Jugend, Band 213. Stuttgart: Kohlhammer.

Gathen, K. von der; Kuhl, A. (2014): Klär mich auf. 101 echte Kinderfragen rund um ein aufregendes Thema. Leipzig: Klett Kinderbuchverlag.

Gildemeister, R.; Robert, G. (2011): Doing Gender. In: G. Ehlert; H. Funk; G. Stecklina (Hrsg.): Wörterbuch Soziale Arbeit und Geschlecht. Weinheim und München: Juventa Verlag, S. 95–98.

Glock, S.; Kleen, H. (Hrsg.) (2020): Stereotype in der Schule. Wiesbaden: Springer Verlag.

Glockentöger, I.; Adelt, E. (Hrsg.) (2017): Gendersensible Bildung und Erziehung in der Schule, Münster: Waxmann.

Gonzales-Mena, J.; Widmeyer Eyer, D. (2008): Säuglinge, Kleinkinder und ihre Betreuung, Erziehung und Pflege. Ein Curriculum für respektvolle Pflege und Erziehung. Zwickau.

Grunow, D. (2007): Wandel der Geschlechterrollen und Väterhandeln im Alltag. In: T. Mühling; H. Rost (Hrsg.): Väter im Blickpunkt. Perspektiven der Familienforschung. Opladen: Verlag Barbara Budrich, S. 49–76.

Gutknecht, D. (2019): Zusammen schaffen wir das. In: Themenheft Kleinstkinder in Kita und Tagespflege. Schwierige Situationen im pädagogischen Alltag. Freiburg: Verlag Herder, S. 6-13.

Haupt, M.; Yollu-Tok, A. (2018): Finanzwissen und -kompetenzen bei Frauen – vom Sollen, Wollen und Können. Finanziellen Wissen und Verhalten von Frauen: Noch ein Gender Gap? Deutsches Institut für Wissenschaftsforschung (DIW). Berlin, 14.09.2018. Online verfügbar unter: https://www.diw.de/documents/dokumentenarchiv/17/diw_01.c.611551.de/diw-ws-finkomfrauen-yollutok-haupt-180914.pdf, zuletzt geprüft am 30.10.2020.

Hausen, K. (1988): Die Polarisierung der »Geschlechtercharaktere« – Eine Spiegelung und Dissoziation von Erwerbs- und Familienleben. In: H. Rosenbaum (Hrsg.): Seminar Familie und Gesellschaftsstruktur. Materialien zu den soziökonomischen Bedingungen von Familienformen. Frankfurt am Main: Suhrkamp Verlag.

Heisig, K. (2019): Vom Sinn einer geschlechterneutralen Erziehung und Bildung. Ifo Dresden berichtet 2/2029, S. 12-16.

Helferich, C. (1998): Reiz und Aufregung des Jungsein. In: HS_Brief 24/1998 der Evangelischen Fachhochschule Darmstadt, Freiburg, Ludwigsburg, Ludwigshafen, Reutlingen.

Honegger, C. (1991): Die Ordnung der Geschlechter. Die Wissenschaften vom Menschen und das Weib. 1750-1850. Frankfurt am Main: Suhrkamp Verlag.

Henry-Huthmacher, C; Borchard, M. (Hrsg.) (2008): Eltern unter Druck. München: Verlag De Gruyter.

Höying, S. (2017): Reconciliation – the Different Political Goals of Organizations, Goverments and Lobbies for Fathers and Children in Germany. In: B. Liebig; M. Oechsle (Hrsg.): Inequalities and Capabilities, Rationalities and Politics. Opladen, Berlin und Toronto: Verlag Barbara Budrich, S. 203-221.

Höying, S. (2020): Mehr Care, mehr Share, weniger Masculinity? Neue Praxen von Männern in einer neoliberalen Gesellschaft. In: M. Dinges (Hrsg.): Männlichkeiten und Care. Selbstsorge, Familiensorge, Gesellschaftssorge. Weinheim und Basel: Verlag Beltz Juventa, S. 69-85.

Huber, J. (2016): Männliche Identitätsentwicklung. In: G. Stecklina; J. Wienforth (Hrsg.): Impulse für die Jungenarbeit. Weinheim und Basel: Beltz Juventa, S. 246-263.

Hunger, I. (2014): Bewegung in der frühen Kindheit. Zur Dominanz und Materialisierung alter Geschlechterbilder im pädagogischen Alltag. Sozialmagazin, 1-2/2014, S. 14-20.

Hunger, I.; Zimmer, R. (2012): Jungen dürfen wild sein – Mädchen auch? Einflüsse auf geschlechtsspezifisches Bewegungsverhalten. Kindergarten heute, 8/2012, S. 8-12

Institut für Demoskopie Allensbach (2013): Der Mann 2013. Arbeits- und Lebenswelten – Wunsch und Wirklichkeit. Herausgegeben durch Bild der Frau. Hamburg: Axel Springer AG.

Kolip, P. (2000): Riskierte Körper. In: B. Dausien u. a. (Hrsg.): Erkenntnisprojekt Geschlecht. Opladen: Verlag Barbara Budrich, S. 291–303.

Lohaus, A.; Glüer, M (2019): Selbstregulation bei Kindern im Rahmen der Entwicklungs- und Erziehungspsychologie. In: B. Kracke; P. Noack (Hrsg.): Handbuch Entwicklungs- und Erziehungspsychologie. Wiesbaden: Springer, S. 101–116.

Lohmann-Haislah, A. (2012): Stressreport Deutschland 2012. Psychische Anforderungen. Ressourcen und Befinden. Dortmund: Bundesanstalt für Arbeitsschutz und Arbeitsmedizin.

Lück, D. (2015): Vaterleitbilder: Ernährer und Erzieher? In: N. F. Schneider; S. Diabaté; K. Ruckdeschel (Hrsg.): Familienleitbilder in Deutschland. Kulturelle Vorstellungen zu Partnerschaft, Elternschaft und Familienleben. Opladen: Verlag Barbara Budrich, S. 227–245.

Maihofer, A. (2014): Familiale Lebensformen zwischen Wandel und Persistenz. In: C. Behnke et al. (Hrsg.): Wissen-Methode-Geschlecht: Erfassen des fraglos Gegebenen. Geschlecht und Gesellschaft 54. Wiesbaden: Springer, S. 313–334.

Maihofer, A. (2018): Pluralisierung familialer Lebensformen – Zerfall der Gesellschaft oder neoliberal passgerecht? In: K. Pühl; B. Sauer (Hrsg.): Kapitalistische Gesellschaftsanalyse: queer feministische Positionen. Münster: Westfälisches Dampfboot, S. 113–138.

MaLisa Stiftung (Hrsg.) (2019): Weibliche Selbstinszenierung in den Neuen Medien. Online verfügbar unter: https://malisastiftung.org/wp-content/uploads/Selbstinzenierung-in-den-neuen-Medien.pdf, zuletzt geprüft am 03.07.2022.

Mannopoly (2012): Projektgruppe Mannopoly (2012): KerleKulte: Inszenierung von Männlichkeit. Archiv der Jugendkulturen. Berlin: Verlag KG.

Mansfeld, C. (2015): Familie ist spannend – Kinder, Mütter, Väter zwischen Eigensinn, staatlicher Intervention und der Wahrnehmung durch die Familienforschung. In: R. Seehaus; L. Rose; M. Günther (Hrsg.): Mutter, Vater, Kind – Geschlechterpraxen in der Elternschaft. Opladen, Berlin und Toronto: Barbara Budrich Verlag, S. 157–178.

Maywald, J. (2013): Sexualpädagogik in der Kita. Freiburg im Breisgau: Herder.

Mohr, S.; Nicodemus, J.; Steoll, E.; Weuthen, U.; Juncke, D. (2022): Diskriminierungserfahrungen von fürsorgenden Erwerbstätigen. Nomos Verlag. Studie im Auftrag der Antidiskriminierungsstelle des Bundes. Online verfügbar unter: https://www.antidiskriminierungsstelle.de/SharedDocs/downloads/

DE/publikationen/Rechtsgutachten/schwanger_eltern_pflege.pdf?_blob=publicationFile&v=2Mohr, zuletzt geprüft am 21.06.2022.

National Coalition Deutschland – Netzwerk zur Umsetzung der UN-Kinderrechtskonvention e. V. (2019): Die Umsetzung der UN-Kinderrechtskonvention in Deutschland. 5./6. Ergänzender Bericht an die Vereinten Nationen. Berlin: National Coalition Deutschland. Online verfügbar unter: https://netzwerk-kinderrechte.de/wp-content/uploads/2021/01/NC_Ergaenzender Bericht_DEU_Web.pdf, zuletzt geprüft am 25.02.2021.

Nave-Herz, R. (1988): Zum Wandel der Vaterrolle. Zeitschrift für Sozialisationsforschung und Erziehungssoziologie, Jg. 8 (4), S. 242–245.

Olbrecht, W. (2001): Das Systemtheoretische Paradigma der Disziplin und der Profession der Sozialen Arbeit. Züricher Beiträge zur Theorie und Praxis Sozialer Arbeit. Nr. 4, Hochschule für Soziale Arbeit Zürich. Zürich.

Orbach, S. (2021): Bodies. Im Kampf mit dem Körper. Zürich und Hamburg: Arche Literatur Verlag.

Paulus, S.; Stiehler, S. (2020): Switchen – eine (verdeckte) Bewältigungsform zur Vereinbarung von Erwerbs- und Sorgearbeit. In: M. Dinges (Hrsg.): Männlichkeiten und Care. Selbstsorge, Familiensorge, Gesellschaftssorge. Weinheim und Basel: Verlag Beltz Juventa, S. 86–108.

Perry, P. (2020): Das Buch, von dem du dir wünscht, deine Eltern hätten es gelesen. Berlin: Ullstein Verlag.

Quindeau, I. (2008): Verführung und Begehren. Die psychoanalytische Sexualtheorie von Sigmund Freud. Stuttgart: Klett-Cotta Verlag.

Quindeau, I.; Brumlik, M. (Hrsg.) (2012): Kindliche Sexualität. Weinheim und Basel: Juventa Verlag.

Rupp, M. (Hrsg.) (2009): Die Lebenssituation von Kindern in gleichgeschlechtlichen Lebenspartnerschaften. Berlin: Bundesanzeiger Verlag.

Schaik, C. von; Michel, K. (2021): Die Wahrheit über Eva. Hamburg: Rowohlt Buchverlag.

Schmidt, R.-B.; Sielert, U. (Hrsg.) (2013): Handbuch Sexualpädagogik und sexuelle Bildung. Weinheim: Beltz Juventa Verlag.

Schneider, N. F.; Diabaté, S.; Ruckdeschel, K. (Hrsg.) (2015): Familienbilder in Deutschland. Kulturelle Vorstellungen zur Partnerschaft, Elternschaft und Familienleben. Opladen, Berlin und Toronto: Barbara Budrich Verlag.

Seavy, C. A.; Katz, P. A.; Rosenberg, S. (1975): Baby X. Sex Roles I (2), S. 103–109.

Seehaus, R.; Rose, L.; Günther, M.(Hrsg.) (2015): Mutter, Vater, Kind – Geschlechterpraxen in der Elternschaft. Opladen, Berlin und Toronto: Barbara Budrich Verlag.

Stamm, M. (2018): Neue Väter brauchen neue Mütter. München: Piper.

Stamm, M. (2019): Lasst die Kinder los. 1. Auflage 2016. München: Piper.
Stamm, M. (2020): Du musst nicht perfekt sein, Mama! München: Piper.
Statistisches Bundesamt (2008): Elterngeld – Eine erste Bilanz. STATmagazin. Wiesbaden.
Statistisches Bundesamt (2014): Öffentliche Sozialleistungen. Statistik zum Elterngeld. Beendete Leistungsbezüge für im 4. Vierteljahr 2012 geborene Kinder. Oktober 2012 bis März 2014. Wiesbaden.
Statistisches Bundesamt (16.03.2020): Gender Pay Gap 2019: Frauen verdienten 20 % weniger als Männer. Verdienstunterschied bei 4,44 Euro brutto pro Stunde. Wiesbaden. Online verfügbar unter: https://www.destatis.de/DE/Presse/Pressemitteilungen/2020/03/PD20_097_621.html, zuletzt geprüft am 04.11.2020.
Steele, C.; Aronson, J. (1995): Stereotype threat and the intellectual test performance of African-Americans. Journal of Personality and Social Psychology, 1995, BD62 (I), S. 26–37. Online verfügbar unter: http:mrnas.pbworks.com/f/claude+steele+stereotype+threat+1995.pdf
Steinbrügge, L. (1987): Das moralische Geschlecht. Theorien und Entwürfe über die Natur der Frau in der französischen Aufklärung. Weinheim und Basel: Juventa Verlag.
Streib-Brzic, U.; Quadflieg, C. (Hrsg.) (2011): School is out?! Vergleichende Studie »Erfahrungen von Kindern aus Regenbogenfamilien in der Schule«, durchgeführt in Deutschland, Schweden und Slowenien. Teilstudie Deutschland. Berlin: Humboldt-Universität zu Berlin.
Transgender Netzwerk Berlin (2004): Satzung vom 08.11.2004. Berlin. Online verfügbar unter: http://www.tgnb.de/?id=104&lang=de
TransInterQueer e. V. (2012): Das I in TRIQ. Was verstehen wir unter Intergeschlechtlichkeit. Online verfügbar unter: http://www.transinterqueer.org/index.php/uber-triq/das-i-in-triq.html
Trans-PULSProject. Online verfügbar unter: http://www.uwo.ca/epidem/people/Faculty/BaseComplement/Bauer.html
Trautner, H. M. (2006). Sozialisation und Geschlecht. Die entwicklungspsychologische Perspektive. In H. Bilden; B. Dausien (Hrsg.): Sozialisation und Geschlecht. Theoretische und methodologische Aspekte. Opladen: Budrich, S. 103–120.
Walper, S. (2012): Der Einfluss der Eltern. DJI Impulse, 4/2012, S. 10–13.
Wanzeck-Sielert, C. (2014): Sexualpädagogik. In: R. Pousset (Hrsg.): Handwörterbuch Frühpädagogik. 4. erweiterte Auflage. Berlin: Cornelsen Verlag, S. 407–413.
Wetterer, A. (2008): Geschlechterwissen und soziale Praxis: Grundzüge einer wissenssoziologischen Typologie des Geschlechterwissens. In: A. Wetterer

(Hrsg.): Geschlechterwissen und soziale Praxis. Theoretische Zugänge – empirische Erträge. Königsstein/Taunus: Ulrike Helmer, S. 39–63.

Winker, G.; Degele, N. (2009): Intersektionalität. Zur Analyse sozialer Ungleichheiten. Bielefeld: transcript Verlag.

Wippermann, C. (2016): Mitten im Leben. Wünsche und Lebenswirklichkeiten von Frauen im Alter zwischen 30 und 50 Jahren. Hrsg. v. Bundesministerium für Familie, Senioren, Frauen und Jugend. Berlin. Online verfügbar unter: https://www.bmfsfj.de/blob/94354/4c4555e44cdd10f2b6654df80c982c29/mitten-im-leben-wuen-sche-und-lebenswirklichkeiten-von-frauen-zwischen-30-und-50-jahren-data.pdf, zuletzt geprüft am 15.10.2020.